健身三大项

深蹲、硬拉及卧推入门指南

胡恒超◎编著

人民邮电出版社

北京

图书在版编目（CIP）数据

健身三大项：深蹲、硬拉及卧推入门指南 / 胡恒超编著. -- 北京：人民邮电出版社，2022.4
ISBN 978-7-115-55708-7

Ⅰ. ①健… Ⅱ. ①胡… Ⅲ. ①健身运动－运动训练－指南 Ⅳ. ①G883.2-62

中国版本图书馆CIP数据核字(2020)第260898号

内 容 提 要

本书是三大项训练的入门级图书。全书分为5章，首先，简要介绍了三大项的运动生理学基础知识、训练原则、装备及练前须知；其次，详细介绍了深蹲、硬拉与卧推的解剖学原理，热身动作、自重与负重训练动作和变式，以及常见错误与解决方案；最后，给出一些常见问题的答疑。通过系统的三大项训练，可以提高身体的力量、稳定性和协调性，从而达到增肌塑形、强壮体魄、提升运动能力的作用。无论是健身爱好者、运动爱好者，还是举重运动员、体育院校师生，都能从本书中获益。

◆ 编　著　胡恒超
　　责任编辑　李　璇
　　责任印制　周昇亮

◆ 人民邮电出版社出版发行　　北京市丰台区成寿寺路 11 号
　　邮编　100164　　电子邮件　315@ptpress.com.cn
　　网址　https://www.ptpress.com.cn
　　北京七彩京通数码快印有限公司印刷

◆ 开本：700×1000　1/16
　　印张：7.5　　　　　　　　　2022 年 4 月第 1 版
　　字数：166 千字　　　　　　 2025 年 11 月北京第 12 次印刷

定价：39.80 元

读者服务热线：(010)81055296　印装质量热线：(010)81055316
反盗版热线：(010)81055315

动作视频在线观看说明

为了帮助读者快速掌握动作技术，科学地进行锻炼，本书提供了许多动作练习的演示视频，具体可通过以下步骤在线观看。

步骤1　打开微信"扫一扫"（图1）。

图1

步骤2　扫描动作练习页面上的二维码（图2和图3）。

图2　　　　　　　　　　　　　　　　图3

步骤3　如果您尚未关注微信公众号"人邮体育"，扫描后会出现"人邮体育"的二维码。请根据说明关注"人邮体育"，并在关注后点击"资源详情"，即可进入页面观看动作视频。如果您已关注微信公众号"人邮体育"，扫描后可直接进入页面观看动作视频。

目　录

第 1 章

基础知识

什么是三大项

三大项是健身中常练的3种动作，分别是深蹲、硬拉和卧推。这3种训练动作综合性比较强，能练到身体大部分的肌肉，有很好的增肌效果。

■ 深蹲

深蹲动作主要发展臀部和大腿前侧的肌肉力量，同时还能锻炼到核心肌群和全身其他部位的稳定肌肉。

■ 硬拉

硬拉动作主要发展身体后侧肌群的力量，主要有大腿后侧的腘绳肌、臀部肌群，以及背部的竖脊肌。但是不同的硬拉变式也能锻炼到下肢其他肌群，如大腿前侧的股四头肌等。

■ 卧推

卧推动作主要发展胸部肌群的力量，同时也可以锻炼到上肢和肩部前束的肌群。卧推练习既可以让身体变得强壮，也起到健美作用。

为什么要练三大项

三大项在健身领域被称为"黄金三大动作"，因为这3项动作中每一项都可以锻炼到身体多个部位，综合起来可以锻炼到全身肌肉，并且能量消耗大，增肌效率高，在增加肌肉维度和提升肌肉力量方面都有很好的效果。

■ 练习三大项可以让你更强壮有力

三大项属于负重练习，肌肉在抗阻训练的过程中，受到充分的刺激，肌纤维的主要成分——肌原纤维中的多种蛋白成分（如肌丝蛋白、肌动蛋白、肌凝蛋白、肌钙蛋白等）都会出现结构上的微损。在肌肉的修复阶段，补充足够的蛋白质，肌原纤维会得到修复，体积增大，且其功能得到强化，可以对抗外界更大的阻力。抗阻训练不仅可以使肌纤维体积增大，使人看起来更强壮，也可以改善神经肌肉控制，提高神经募集运动单位的能力，使肌肉能够产生更大的力。

■ 练习三大项能促进身体睾酮素分泌

睾酮素是雄性激素的一种，睾酮素是人体内最重要的合成代谢激素之一，有助于蛋白质的合成，以此促进肌肉质量和力量的增长。三大项训练是典型的增肌训练，而且强度高，增肌效果好，规律进行三大项训练，能提升睾酮素的分泌量。

睾酮素还能促进骨密度的合成、减缓衰老过程、使人拥有更好的精神状态、防止抑郁等。成年男性与成年女性体内的睾酮素含量与分泌水平不一样，女性睾酮素总量约为男性的5%，这也是男性比女性更有力量的原因之一，但即使含量低，睾酮素仍能在女性体内发挥该有的作用。

■ 练习三大项能让你体会进步的喜悦

相比于其他健身动作，三大项练习增肌效率高，更容易有成就感。在坚持进行几周科学训练后，训练者便可以看到自己的变化——外形和力量都得到改善。进步能带来鼓舞，使训练者更有耐心地将训练继续推进下去。不过需要注意的是，三大项练习也会遇到瓶颈期，需要及时调整并坚持下去。

运动生理学基础知识

这里所说的运动生理学基础知识，是指偏重于让体魄变得更强壮、让运动表现变得更好的生理学基础知识，比如了解如何提升运动单位的募集能力、了解主动肌与拮抗肌的工作关系、认识肌纤维、懂得肌肉肥大带来的益处等。

■ 运动单位的募集

三大项在增加肌肉维度和提升力量方面很有优势，这是因为三大项练习可以改善神经肌肉系统，使神经在运动中募集更多的运动单位，增加肌肉力量。如果要提升运动单位募集效率，可通过下面几种方式进行。

首先，通过看书、看视频以及向专业人士请教，掌握正确的动作技术。三大项运动涉及多个肌群，其技术的掌握比较复杂，所做的动作也容易不规范，需要一个专业的技术人员不断来指点，才能对动作不断进行改正。只有做到动作正确，才能在安全范围内募集更多的运动单位，取得更好的训练效果。

其次，提升神经肌肉系统效率（神经元募集运动单位的能力）。我们身体的各种动作是肌肉在接收大脑神经指令下所做出来的，神经肌肉系统效率高，就能募集更多的运动单位，使更多的肌纤维参与运动。刚刚接触三大项训练的人，会更容易感到自己力量的提升，这是因为力量训练初期主要是通过提升神经肌肉系统效率，激活更多的运动单位，提高肌肉力量。这个过程并不是运动单位变多了，而是我们的机体使用了以前未使用的运动单位。然后训练者可逐步增加负重，募集更多的运动单位，力量也会逐步增加。

最后，我们需要了解到，运动单位的募集有肌肉内的募集与肌肉间的募集两种。肌肉内的募集是单一肌群的运动单位募集；肌肉间的募集是肌肉之间的互相协作，目的在于取得更高的工作效率。多次重复进行三大项练习，可以让机体更好地运用这两种募集机制，提升肌肉工作效率，发展力量。

■ 主动肌与拮抗肌

我们做一个动作，需要多种肌肉共同参与，主要包括主动肌、协同肌与拮抗肌。主动肌是执行一个动作的主要收缩单位，它收缩的方向与关节活动方向一致；协同肌是协同主动肌完成工作的肌肉，与主动肌工作内容相同；拮抗肌是与主动肌收缩方向相反的肌肉，与主动肌的位置相反，但与主动肌共同围绕一个关节完成一个动作。比如做伸膝动作时，股四头肌与腘绳肌互为拮抗肌，要完成该动作，不仅需要股四头肌收缩，还需要腘绳肌舒张配合，使伸膝运动更容易进行。

■ 肌纤维

人体骨骼肌的肌纤维有快缩型肌纤维与慢缩型肌纤维之分。

在20世纪70年代，人们根据肌球蛋白腺苷三磷酸酶（ATPase）反应法，将骨骼肌肌纤维分为Ⅰ型、Ⅱ型，其中Ⅰ型肌纤维就是慢缩型肌纤维，Ⅱ型肌纤维就是快缩型肌纤维。其中，Ⅱ型肌纤维又分为Ⅱa型、Ⅱb型，其中Ⅱb型肌纤维有力量大、爆发力强的特点，Ⅱa型肌纤维除了具有Ⅱb型肌纤维的特点外，还有收缩速度快的特点，而且因为其毛细血管密度高，能进行有氧消耗，所以还具有耐疲劳的特点。

快缩型肌纤维收缩时能在短时间内产生强大的力量和爆发力，但很容易疲劳，适合短时间做功；慢缩型肌纤维产生的力虽然不大，但耐力良好，适合长时间做功。不同的人，其快缩型肌纤维和慢缩型肌纤维的含量也不同，这是先天遗传因素决定的。快缩型肌纤维含量高的人，比较适合力量与爆发力强的运动类型，如短跑、跳高、跳远和投掷类的田径项目等；相反，慢缩型肌纤维含量高的人，比较适合耐力型的运动，如长跑、马拉松和竞走等。肌肉收缩的速度和产生的力量是可以通过规律、科学的训练提高的。因此，科学进行三大项训练，可以发展肌肉收缩的速度和力量。

■ 肌肉肥大

肌肉肥大有两种，一种是功能性肥大，一种是非功能性肥大。

肌肉功能性肥大主要是肌纤维的肥大，同时肌肉收缩产生的力量也会增大。而非功能性肥大主要是通过多重复次数、多组数达到的，增大的是肌纤维间的半流质浆体（肌浆）。由于肌浆无法产生力，因此非功能性肌肥大的训练对于发展肌肉力量的效果没有功能性肌肥大训练好。所有的力量训练都不可能只使肌肉产生其中一种肥大，但是不同的训练内容（训练动作、重复次数、组数、间歇）有主要的侧重点。三大项训练侧重于发展功能性肌肉肥大，规律练习后，肌肉维度会有一定提升，但主要发展的是肌肉力量。

■ SAID原则

SAID（Specific Adaptation to Imposed Demands，专项特异性适应）原则是指机体会对负荷产生适应性变化。比如进行深蹲练习，可以给下肢肌群一定的刺激，并且这个刺激应超过下肢肌群能承受的范围，长此以往，下肢肌群便会发生适应性的改变，比如神经系统能够募集更多下肢的运动单位、肌纤维收缩的力量和速度提高、肌纤维发生肥大……宏观体现在练习者能够蹲更大的重量、跳跃高度提高、肌肉维度变大等。比如可能刚开始你可以蹲50kg，并不觉得费力，并且做完3组动作后还可以进行别的训练，但更换为80kg负重后，蹲1次就觉得很费力，这是因为你的肌肉适应了50kg重量。但在用80kg重量训练一段时间后，你会觉得做起来比较轻松，这是因为肌肉适应了80kg的重量。但是深蹲并没有刺激上肢肌群，因此上肢肌群并不会发生适应性改变。所以，当练习者的目标是发展下肢整体的最大力量，深蹲是一个非常好的选择；若目标是发展上肢和胸部肌肉的力量，便选择卧推；若想发展身体后侧肌群，则选择硬拉。

■ 渐进性超负荷训练

渐进性超负荷训练，是指在身体适应了当前的训练负荷后，可提升负荷进行下一周期的训练。一般来说，刚开始进行力量训练要选择低负重、高重复次数的训练；在适应了当前的训练水平，取得阶段性的进步之后，再开始高阶的训练，进行负重稍高的中等重复次数的训练，以此类推。总之，渐进性超负荷训练，会让你获得实质性的进步。

■ 呼吸

正确的呼吸能促进三大项训练的进行，提升训练效率。在这里，推荐瓦式呼吸法。先收紧腹部，在保证腹部肌肉收紧的情况下，吸入气体，使肚子鼓起，然后屏住呼吸，仍然保持腹部肌肉收紧，完成一次力量练习。该呼吸法通过吸入的气体与绷紧的腹部，增大腹腔和胸腔内的压力，给脊柱提供较好的稳定性。

■ 血压

三大项训练需要肌肉有很好的收缩功能，这样才能产生强大的力量。但肌肉收缩过程中，会对全身的血液循环系统（包括心脏）产生很大的压力，容易导致血压升高。为了使全身供血充足，需要强大的心脏功能，如心肌的收缩力要强、心脏的容积要大等。因此，三大项训练需要强大的血液循环功能，训练应遵循循序渐进的原则，并且训练者可以同时进行有氧训练，以提升血液循环系统的功能。

训练原则

训练原则，是训练中需要遵循的一些基本规律。这些原则可以帮助训练者提升训练效果，增加力量，并帮助运动员提高专业技术水平。这里列举的训练原则，适用于三大项训练，下面我们就来了解一下这些原则。

■ 原则一：眼看目标

眼看目标，即将注意力放在运动目标上。该原则强调了注意力的重要性，因为它有利于保持训练过程的稳定进行。在目标不断移动的运动中，比如足球、乒乓球、网球等运动，观察目标位置、预判目标运动方向是运动员必须掌握的技能，这是锁定目标并获取胜利的重要过程。

但对于三大项训练来说，眼看目标是直视前方，将注意力锁定在前方的一个位置。以深蹲为例，在深蹲过程中，很多人最开始会眼望天花板，这种姿势有利于背部肌肉绷紧，但随着身体的下降，持续盯着天花板是不可能的，于是注意力开始转移，接着头部、身体也跟随移动，动作就不再标准。因此，直视前方，将目标锁定在前方固定位置，有利于在整个深蹲过程中保持注意力，将动作完成得更好。

■ 原则二：使用跳跃姿势或运动姿势

跳跃姿势的动作要点是双脚保持在髋部的正下方，双脚间距在15~20cm（由人的身高决定），这样跳跃时会产生比较理想的力，爆发力和速度都会比较好。运动员在进行纵跳、硬拉或高翻时经常用到跳跃姿势。

运动姿势的双脚间距可以和跳跃姿势一样，但通常要比跳跃姿势的宽，这是因为双脚间距离宽一些，重心低一些，身体的稳定性会更好。在运动中，跳跃姿势与运动姿势可以交替使用。

■ 原则三：保持昂首挺胸

昂首挺胸是一种标准姿势，在这种姿势下，我们的身体处于平衡状态，肌肉与骨骼各自发挥功能，支撑身体，使身体各部位处于正确的位置。在此状态下进行运动，身体各部位会更好地发挥功能，提升运动表现。

如何确定是否做到了昂首挺胸，可通过这些方法来判定。方法一：贴墙站立，头部、肩部、背部、臀部、脚跟都保持贴墙，将手掌放在墙与背之间，手掌如果能刚好填满空隙，就做到了昂首挺胸，如果卡住或很容易穿过，动作就不标准。方法二：侧面看，头部与肩部位于同一平面上，没有头部前伸、膝关节锁死、骨盆前倾等问题，就是昂首挺胸的姿势了。

在三大项训练深蹲动作中蹲下时，应该保持昂首挺胸，这样不仅可以保护腰部，还可以产生更大的力。

■ 原则四：保持下背部固定

　　下背部是人体核心的重要位置，保持下背部固定，也就保持了核心的稳定。运动中核心的稳定可以使我们的身体保持平衡，消除低效率动作与不良姿势所带来的负面影响，获得最佳运动表现。扩胸是为了防止下背部的放松与拱起，有利于保持下背部固定与核心稳定。

　　在进行力量训练时，我们保持下背部固定的一个重要表现就是骨盆与躯干一起运动，如做硬拉动作从地上拿起杠铃时，身体应从髋关节处折叠，骨盆随上身一起前倾。

■ 原则五：双脚对齐

　　双脚对齐，是指双脚着地、姿势保持对称，可以两脚脚尖都向前或者都稍稍向外打开，后一种对齐方式的使用范围更广，前一种对齐方式在力量举深蹲中用得更多。双脚对齐有利于双侧下肢运动的对称，增强身体的稳定性，减少下肢、脚踝受伤的概率。　.

■ 原则六：双膝对齐

　　双膝对齐，是指双膝位于双脚正上方，且膝关节方向与脚尖方向保持一致。双膝是身体的重要承重部位，双膝对齐可以使下肢在运动过程中拥有良好的力线，降低下肢损伤的风险。

训练装备

在进行力量训练时，合理使用训练装备，会让训练效果更好，还能减少运动损伤。下面我们来看看都需要什么装备吧。

■ 力量训练准备

进行力量训练，尤其是三大项训练，需要先做一些准备工作，比如准备训练装备。

首先是基本的护具，包括腕带、护肘、护膝、腰带、训练鞋等。

腕带可以起到减轻手腕压力、支撑手臂的作用。在卧推时佩戴腕带还可以防止手腕过度后翻。

护肘可以稳定肘部，在卧推时可以缓冲负重对肘部的冲击，并起到助力作用。

佩戴护膝可以给膝关节一个适当的压力，起到支撑和防护作用，并且能保暖，使训练者在组间休息时，膝关节不会因为温度降低而产生不适，从而保证下一组动作的训练效果。

力量训练所用的腰带比较厚，一般用纯牛皮制作而成，硬度高。这种腰带可以环绕腹腔周围，起到支撑作用，有利于保持核心稳定。

在做深蹲和硬拉时，需要配备专门的深蹲鞋和硬拉鞋。深蹲鞋鞋跟高，可以扩大踝关节活动范围，使身体蹲得更低；硬拉鞋鞋底薄，可以增强抓地力。

其次，在三大项的热身和训练过程中，我们还需要弹力带、拉伸绳等辅助工具。热身时使用弹力带，给运动提供适当阻力，能迅速激活身体的运动系统。弹力带有长款的，也有短款的，短款多用于臀部、腿部热身；长款多用于上肢热身，并且在训练中可作为增加阻力的辅助工具。拉伸绳在训练中可作为辅助用力工具。训练者做有些动作时，如硬拉，常常会因为握力不够而中途放弃原定的目标。训练者可以利用拉伸绳提升握力，将训练继续下去。

最后，在完成训练后，训练者要进行肌肉放松的活动，因此要配备一些进行肌肉拉伸和放松的器械，如泡沫轴、按摩球等。泡沫轴和按摩球都能对身体某一位置的肌肉进行针对性按摩；这种按摩可以打开肌肉和筋膜中的结节，缓解肌肉酸痛与疲劳。

下面我们列举一些三大项训练中所需要的装备，并大致介绍一下这些装备的规格和要求。

护膝：根据使用目的，可从厚度上大致将其分为两种规格：5mm和8~10mm。5mm厚度的护膝适用于日常重量训练，为膝关节提供保护；8~10mm厚度的护膝适用于力量举训练，可帮助训练者提升10磅（约4.5kg）至20磅（约9.1kg）负重。

护肘：根据使用目的，可从厚度上大致将其分为两种规格：5mm和7mm。5mm厚度的护肘适用于日常重量训练，可为肘关节提供保护；7mm厚度的护肘适用于力量举训练，可预防肌腱炎。

腕带：从长度上分为两种，一种是24英寸（约61cm），另一种是32英寸（约81.3cm），均适用于卧推、深蹲、硬拉训练。使用腕带能提升手腕强度，使腕部保持中立位，保护腕部。腕带长度越长、越结实，给腕关节提供的保护也越强。

深蹲鞋：深蹲鞋的后跟要求有一定的高度与坡度。鞋跟越高，想要蹲得更低的话，髋关节要越向下。深蹲鞋适合进行窄距深蹲训练，也适合踝关节活动受限的人群，因为它可以扩大踝关节运动范围，使训练者蹲得更低。

硬拉鞋：硬拉鞋的鞋底薄，这样抓地力强，使脚尽可能地贴近地面。很多运动品牌都有硬拉鞋。如果没有硬拉鞋，也可以用摔跤鞋来替代。

腰带：根据功能的不同，腰带在厚度和款式上有多种。力量举腰带，厚度在10mm以上，前后宽度一致，材质较硬，款式上有单排扣、双排扣、杠杆式等。健身腰带厚度在5~8mm，中间宽，两边窄，材质较软。使用腰带可提高腹内压，给予脊柱更强的支撑，降低训练时受伤的风险。

泡沫轴：泡沫轴在动力来源上可分为手动与电动两种，但材质都很轻，具有良好的缓冲性，用于训练前后的放松，能促进身体恢复。

按摩球：圆形中空PVC小球，表面有凸起，用于训练前后的肌肉激活与放松，缓解肌肉的紧张与酸痛，促进身体恢复。

弹力带：弹力带在长度上有长款与短款之分，长款主要用于训练前上肢热身以及训练中辅助，短款主要用于训练前的臀、腿热身。弹力带有不同的阻力级别，以颜色来区分，通常来说，颜色越浅，阻力越小；颜色越深，阻力越大。

拉伸绳：在训练中可作为提升握力的辅助工具，避免在力竭之前由于握力不够导致放弃训练。

长筒袜：长筒袜可以起到保护小腿的作用，防止在硬拉中杠铃摩擦到小腿，避免小腿受伤。

第 2 章

深蹲

深蹲的分类

根据负重与否，深蹲主要可分为自重深蹲和负重深蹲两大类，日常健身中常用的是自重深蹲练习。自重深蹲包括多种形式，我们主要介绍比较常用且容易操作的练习，如标准深蹲、窄距深蹲、宽距深蹲、箱式深蹲、换腿深蹲、保加利亚深蹲、波比深蹲、深蹲侧抬腿、深蹲提膝后摆、深蹲提膝左右转肩、深蹲跳、缓冲深蹲跳、开合深蹲跳、宽窄距深蹲跳、宽距深蹲跳外展、深蹲踢臀跳。杠铃深蹲和使用其他器械的深蹲属于负重深蹲，需要到专门的健身场馆才能完成练习。

深蹲在三大项训练中属于最难把握的动作之一，其难点在于每个人都要找到适合自己的深蹲方式，把握深蹲动作的多个细节，包括深蹲的姿势、杠铃的高低位、脚的位置、髋部的运动等，否则一个小错误，就会降低训练效果，还容易带来伤害。

每个人都是不同的个体，肢体的长短各有特点，如何根据自身特点选择合适的站距，是深蹲训练者应该掌握的，具体可参考下表（表1.1、表1.2）。

表1.1　深蹲的站距和身体特点

腿长度	站距		
	躯干长度较短	躯干长度适中	躯干长度较长
较短	中等/宽	中等/宽	窄/中等
适中	中等/宽	中等/宽	窄/中等
较长	窄/中等/宽	中等	窄/中等

表1.2　深蹲的身体力量来源

站距	肌肉
宽	大腿内收肌、臀肌、股四头肌
中等/宽	股四头肌、大腿内收肌
窄/中等	股四头肌、臀肌

注意表格中的各种站距细节如下。

窄站距：双脚间距离小于肩宽，双脚脚尖向前。

中等站距：双脚间距离与肩同宽，双脚脚尖略向外。

宽站距：双脚间距离大于肩宽，双脚脚尖略向外。

深蹲解剖学

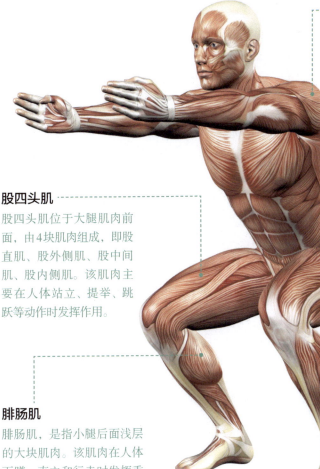

三角肌

三角肌位于肩部，呈三角形，主要是使肩关节外展。其前部纤维收缩可使肩关节前屈并略旋内；后部纤维收缩可使肩关节后伸并略旋外，是力量的象征。

臀大肌

臀大肌大致呈四边形，位于骨盆后外侧，是我们身体最强壮的肌肉之一。

股四头肌

股四头肌位于大腿肌肉前面，由4块肌肉组成，即股直肌、股外侧肌、股中间肌、股内侧肌。该肌肉主要在人体站立、提举、跳跃等动作时发挥作用。

腘绳肌

腘绳肌由股二头肌、半腱肌、半膜肌共同构成。这些肌肉共同起于骨盆的坐骨结节，均跨越膝关节，负责身体下蹲时关节的稳定。

腓肠肌

腓肠肌，是指小腿后面浅层的大块肌肉。该肌肉在人体下蹲、直立和行走时发挥重要作用。

不要忽视臀部的训练

臀大肌是臀部肌群中最重要的肌肉之一。对臀大肌进行系统锻炼后，能使臀部收紧、上提，外形上更健美。在日常的锻炼中可以采用深蹲等方式进行锻炼。发达的臀大肌可以使人体重心更稳，在锻炼的过程中，更好地控制身体，从而降低受伤的可能性。

注意腿部的安全

在进行腿部训练时，要避免因过度锻炼导致肌肉疲劳，应按计划进行有效训练。若选择杠铃等重量型器械，其重量要控制在自身能承受的范围内，否则容易造成肌肉拉伤，对身体造成一定的损伤。

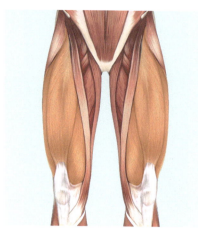

起点

股直肌起自髂前下棘；股中间肌起自股骨体前面；股外侧肌起自股骨粗线外侧唇；股内侧肌起自股骨粗线内侧唇。

止点

胫骨粗隆。

独立功能

股直肌可以使大腿在髋关节处屈，牵拉股骨向前。

整体功能

股四头肌整体收缩，使小腿在膝关节处伸。

支配神经

股神经。

股四头肌

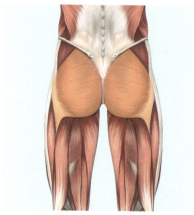

起点

髂骨外侧、骶骨和尾骨后侧，以及骶结节韧带和骶髂后韧带的一部分。

止点

股骨臀肌粗隆和髂胫束。

独立功能

上部使大腿在髋关节处外展；下部使大腿在髋关节处内收。

整体功能

加速髋关节伸展和外旋。

支配神经

臀下神经。

臀大肌

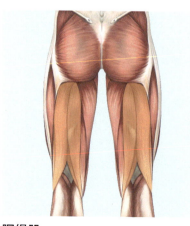

起点

股二头肌长头起自坐骨结节，短头起自股骨粗线外侧唇的下半部；半腱肌、半膜肌起于坐骨结节。

止点

股二头肌止于腓骨头；半腱肌止于胫骨上端内侧；半膜肌止于胫骨内侧髁内侧面。

独立功能

近固定时，使大腿在髋关节处后伸，小腿在膝关节处屈。

整体功能

使膝关节在运动中更稳定。

支配神经

坐骨神经。

腘绳肌

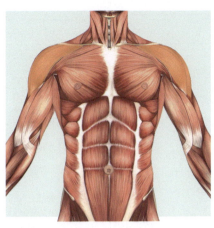

三角肌

起点
锁骨的外侧半、肩峰和肩胛冈。

止点
肱骨三角肌粗隆。

独立功能
前部纤维收缩使上臂在肩关节处屈和旋内；中部纤维收缩使上臂外展；后部纤维收缩使上臂在肩关节处伸和旋外。

整体功能
整体收缩，可使上臂外展。

支配神经
腋神经。

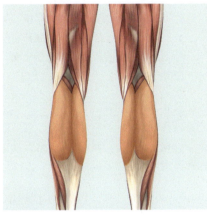

腓肠肌

起点
股骨的内、外上髁后面。

止点
跟骨结节。

独立功能
近固定时，使小腿在膝关节处屈和足在踝关节处跖屈。远固定时，拉股骨下端及小腿向后，从而使膝关节伸直。

整体功能
行走及站立时将足跟向上提；直立时，参与固定膝关节。对人的直立和行走起着重要作用。

支配神经
胫神经。

热身动作

足底筋膜放松 | 热身动作 灵活性

扫一扫，看视频

■ **起始姿势**

身体直立站于垫上，一侧手臂向前伸展至与地面平行，手掌扶住墙壁或其他固定物来保持身体平衡，另一侧手臂置于腰间，同侧腿部略微屈髋屈膝，将扳机点球置于足底与垫子之间。

■ **训练动作**

压球的足底前后左右移动，使球滚动。在规定时间内完成动作。换至对侧重复以上步骤。

💬 **知识点**

该动作主要放松足底筋膜，提高足部灵活性。运动过程中身体始终保持放松，利用身体重量按压扳机点球。全程保持均匀呼吸。

泡沫轴上背部放松 | 热身动作 灵活性

扫一扫，看视频

■ 起始姿势

将泡沫轴放在墙壁或其他固定物上，身体将泡沫轴压在腰部以上的后背处，双手放在大腿前侧，背部挺直，核心收紧。

■ 训练动作

保持挺胸抬头，屈髋屈膝，身体缓慢向下移动，使泡沫轴向上滚动，让泡沫轴在腰部以上、颈部以下来回滚动。

知识点

该动作主要激活和放松上背部肌肉，动作过程中核心收紧，保持躯干稳定。躯干带动身体滚动泡沫轴。全程保持均匀呼吸。

泡沫轴髂胫束放松 | 热身动作 灵活性

扫一扫，看视频

知识点

动作过程中，双手撑地，保持平衡并左右滚动泡沫轴，全程均匀呼吸。该动作主要放松膝关节至髋部侧面区域。

■ 起始姿势

将泡沫轴置于垫上，身体呈侧卧姿势，双臂向侧卧面伸展以支撑身体，同侧腿部伸展，髂胫束压于泡沫轴上，另一侧腿部屈曲，置于压轴腿前侧，用脚支撑身体。

■ 训练动作

身体左右移动，使泡沫轴在髂胫束处滚动，回到起始位置，重复规定的次数。另一侧髂胫束压轴时也是同样的动作要求。

阔筋膜张肌放松 | 热身动作 灵活性

扫一扫，看视频

■ 起始姿势

双腿并拢坐于垫上，躯干挺直，目视前方。一侧手持扳机点球于髋部位置。

■ 训练动作

身体侧卧于垫上，下侧腿部伸展，将扳机点球置于垫子上，用大腿外侧靠上的部位压住该球；下侧手臂屈曲，用前臂支撑身体，上侧腿部膝关节屈曲，置于压球腿后侧，脚部支撑身体，身体向前下方扭转，施加压力。保持该姿势至规定时间。换另一侧重复以上动作。

> **知识点**
>
> 运动过程中保持均匀呼吸，身体放松，利用身体重量下压。

哑铃胸前蹲 ｜ 热身动作 下肢激活

扫一扫，看视频

知识点

在运动过程中保持背部挺直，膝关节尽量不要超过脚尖，同时注意下蹲时呼气。

■ **起始姿势**

双脚分开，略比肩宽。双手握一只哑铃举至胸部上方，屈曲肘关节，双臂贴近躯干。

■ **训练动作**

慢慢向下深蹲，至大腿与地面平行。停留一下，下肢肌肉发力，回到起始姿势，然后完成规定次数。

弹力带腘绳肌拉伸 | 热身动作 柔韧性

扫一扫，看视频

知识点

该动作主要提高腘绳肌的柔韧性。运动过程中核心收紧，膝关节伸直，全程均匀呼吸。

双手向后拉伸弹力带，同时躯干前倾，充分拉伸腘绳肌。

■ **起始姿势**

身体坐于垫上，躯干直立，双腿向前伸展，将弹力带中间绕过双脚前脚掌，脚尖朝上方，双臂向前下方伸展，双手分别握紧弹力带两端，使弹力带保持一定张力。

■ **训练动作**

保持腿部姿势不变，躯干向前倾，向后屈臂拉伸弹力带至手部接近胸部的位置，同时前脚掌背屈至最大限度。回到起始姿势，重复规定次数。

跪式起跑者弓步 | 热身动作 柔韧性

扫一扫，看视频

知识点

　　该动作主要拉伸后侧腿的髂腰肌。动作过程中保持均匀呼吸。

■ **起始姿势**

单膝跪地，前侧腿向前跨出一步，躯干挺直，双手支撑在前侧大腿上方位置。

■ **训练动作**

双手推前侧大腿且后侧腿髋关节向后伸展至目标肌肉有中等程度的拉伸感。在规定时间内保持该姿势。换至对侧重复以上步骤。

躯干始终保持中立位，核心收紧。后腿保持充分的伸展。

拉伸绳腓肠肌拉伸 | 热身动作 柔韧性

扫一扫，看视频

知识点

　　动作过程中，全程保持均匀呼吸。注意感受小腿后侧肌群的拉伸。

■ **起始姿势**

坐在垫子上，双手握住拉伸绳两端，将拉伸绳的中段固定在一侧脚前掌。

■ **训练动作**

仰卧，抬起被拉伸腿，双手向下拉拉伸绳使前脚掌背屈，感受被拉伸腿小腿后侧肌群的拉伸。保持规定的时间。回到起始姿势，换至对侧重复以上动作。

股四头肌被动拉伸 | 热身动作 柔韧性

扫一扫，看视频

■ **起始姿势**

侧卧，下侧腿伸直，下侧手臂向斜上方伸展；目标侧手抓住同侧脚踝。

■ **训练动作**

目标侧手最大限度地将脚后跟拉向臀部，至目标侧大腿前侧肌肉有中等程度的拉伸感。在规定时间内保持姿势。换至对侧重复以上步骤。

知识点

该动作通过伸展髋关节，拉伸股四头肌。全程保持均匀呼吸。

动作过程中核心收紧，背部挺直。

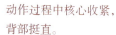

自重深蹲及其变式

标准深蹲 ｜ 自重深蹲及其变式

扫一扫，看视频

膝关节不可
超过脚尖。

■ 起始姿势

双脚平行站立，与肩同宽，脚尖朝前，双腿伸直，臀部收紧，挺胸抬头，目视前方，下颌收紧，两臂自然下垂。

■ 训练动作

屈膝屈髋下蹲，双臂向前伸直，掌心相对，蹲至大腿与地面平行。快速站起，回到起始姿势，重复规定次数。

侧45度观

知识点

该动作下蹲时吸气，站起时呼气。注意保持背部挺直，膝关节不要内扣。

窄距深蹲 | 自重深蹲及其变式

扫一扫，看视频

核心收紧，下蹲至
大腿平行于地面。

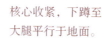

■ 起始姿势

双脚开立，略窄于肩宽，双臂自然下垂于身体两侧。

■ 训练动作

屈髋屈膝，下蹲至大腿与地面平行。在这个过程中，双臂前平举，掌心相对。注意膝关节与脚尖方向一致，全程保持背部挺直。股四头肌和臀大肌发力，伸髋伸膝，并收回手臂，回到起始姿势。重复规定的次数。

侧45度观

宽距深蹲 | 自重深蹲及其变式

膝关节与脚尖方向
保持一致。

■ **起始姿势**

双脚开立，约为2倍肩宽，脚尖指向前外侧45度，双腿伸直，臀部收紧，挺胸抬头，目视前方，下颌收紧，双手叉腰。

■ **训练动作**

屈膝屈髋下蹲，直至大腿平行于地面，下蹲过程中双膝向脚尖的方向移动。迅速蹬地，伸髋伸膝，回到起始姿势。重复规定的次数。

侧45度观

> **知识点**
>
> 该动作通过髋关节和膝关节屈曲与伸展来锻炼臀部和腿部肌肉。全程保持均匀呼吸。

箱式深蹲 | 自重深蹲及其变式

扫一扫，看视频

保持背部挺直，
核心收紧。

■ **起始姿势**

背对椅子站立，双脚开立，与髋同宽，腰背挺直，双臂自然下垂于身体两侧。

■ **训练动作**

屈髋屈膝，下蹲至臀部与椅子边缘接触。在这个过程中，双臂前平举，掌心相对。注意膝关节与脚尖方向一致，全程保持背部挺直。股四头肌和臀大肌发力，伸髋伸膝，并收回手臂，回到起始姿势。重复以上步骤至规定的次数。

> 侧面观 ▶

换腿深蹲 | 自重深蹲及其变式

扫一扫，看视频

躯干始终挺直，
核心收紧。

■ **起始姿势**

双脚平行站立与肩同宽，脚尖朝前，双腿伸直，臀部收紧，挺胸抬头，目视前方，下颌收紧，双手置于腰部两侧。

■ **训练动作**

双腿同时向上跳起，两腿在起跳后分开，呈前后弓步姿势落地，落地后再次快速跳起，腾空后再次交换前后脚的位置。两侧交替进行2次后，双脚平行落地，两脚距离略宽于肩。回到起始姿势后，双腿同时屈髋屈膝，下蹲至大腿与地面平行。依次交替进行，完成规定的次数。

侧45度观

保加利亚深蹲 | 自重深蹲及其变式

扫一扫，看视频

保持背部挺直，
核心收紧。

■ 起始姿势

背对椅子站立，前侧脚支撑于地面，后侧脚尖支撑
于椅子上，双手叉腰。

■ 训练动作

躯干保持直立，屈膝屈髋，下蹲至前侧腿大腿与地
面平行。然后下肢发力，伸膝伸髋，回到起始姿势。
重复以上步骤至规定的次数。

侧面观

波比深蹲 | 自重深蹲及其变式

扫一扫，看视频

■ 起始姿势

半蹲姿势，双脚与肩同宽或略宽于肩，膝关节和脚尖方向一致，躯干挺直，双手握拳合十放于胸前。

■ 训练动作

双手撑在双脚内侧的位置，向后跳，俯卧于垫子上。然后双手撑地，将身子抬起，同时双腿向前跳，回到半蹲姿势。重复以上步骤至规定的次数。

保证动作的连贯性。

侧面观

深蹲侧抬腿 | 自重深蹲及其变式

扫一扫，看视频

■ **起始姿势**

双脚分开站立，与肩同宽，脚尖指向前外侧，双腿伸直，臀部收紧，挺胸抬头，目视前方，下颌收紧，两臂自然下垂于大腿两侧。

■ **训练动作**

屈膝屈髋下蹲，直至大腿与地面平行，双臂屈肘，双手（或双拳）相对。快速站起，一侧腿伸直外展。再次下蹲，站起时换对侧腿外展，重复规定次数。

单腿支撑，躯干保持稳定。

侧45度观

深蹲提膝后摆 | 自重深蹲及其变式

扫一扫，看视频

屈膝下蹲，避免膝关节内扣。

■ 起始姿势

双脚平行站立，与肩同宽，脚尖朝前，双腿伸直，臀部收紧，挺胸抬头，目视前方，下颌收紧，双手自然下垂于大腿两侧。

■ 训练动作

双手叉腰，屈膝屈髋下蹲，直至大腿与地面平行。快速站起，紧接着一侧腿向前提膝，至大腿与地面平行。之后，前腿做伸髋动作，向身体后方摆动、伸展，但膝关节角度不变。整个动作过程中，躯干保持不动，支撑腿伸直、站稳。回到起始姿势，两腿交替进行，重复规定次数。

深蹲提膝左右转肩 | 自重深蹲及其变式

扫一扫，看视频

身体扭转，保证
四肢协调性。

■ **起始姿势**

双脚分开站立，与肩同宽，脚尖指向前外侧，
双腿伸直，臀部收紧，挺胸抬头，目视前方，
下颌收紧，双手自然下垂于双腿前。

■ **训练动作**

双臂前屈，双手握拳，上臂与前臂保持90度，
位于胸前；同时屈膝屈髋下蹲，直至大腿与地
面平行。快速站起，紧接着将一侧腿尽量向对侧
提膝，同时头部、肩部与躯干一同向抬腿方向
扭转。回到起始姿势。两腿交替进行，重复规
定次数。

侧45度观

深蹲跳 | 自重深蹲及其变式

扫一扫，看视频

保持背部挺直，
核心收紧。

■ **起始姿势**

双脚开立，略宽于肩，双手叉腰，腰背
挺直。

■ **训练动作**

屈髋屈膝，下蹲至大腿与地面平行，然
后下肢发力向上跳，随后再屈髋屈膝落
地并恢复至起始姿势。重复以上步骤至
规定的次数。

侧 45 度观

摆臂深蹲跳 | 自重深蹲及其变式

扫一扫，看视频

跳跃过程中，躯干保持稳定。

■ 起始姿势

双脚平行站立，略宽于肩，脚尖朝前，双腿伸直，臀部收紧，挺胸抬头，目视前方，下颌收紧，双臂自然下垂。

■ 训练动作

屈膝屈髋下蹲，直至大腿平行于地面，双臂屈曲，双手握拳，两拳相对。核心收紧，快速跳起，身体完全伸展。屈髋屈膝，缓冲落地。回到起始姿势，重复规定的次数。

侧45度观

开合深蹲跳 | 自重深蹲及其变式

■ 起始姿势

双脚平行站立，略窄于肩，脚尖朝前，双腿伸直，臀部收紧，挺胸抬头，目视前方，下颌收紧，双臂自然下垂。

身体向上跳起，过程中躯干保持稳定。

■ 训练动作

屈膝屈髋下蹲，下蹲过程中双腿分开至略宽于肩，蹲至大腿与地面平行，双臂伸直，放于大腿两侧。快速垂直跳起，手臂迅速上摆至头顶，身体充分伸展，同时两腿并拢。落地缓冲，脚尖先着地，然后迅速过渡到全脚掌。回到起始姿势，准备再次下蹲起跳。重复规定的次数。

侧 45 度观

 ▶  ▶  ▶

宽窄距深蹲跳 | 自重深蹲及其变式

扫一扫，看视频

过程中背部挺直，
核心收紧。

■ 起始姿势

双脚分开站立，略宽于肩，脚尖指向前外侧，双腿伸直，臀部收紧，挺胸抬头，目视前方，下颌收紧，双臂放于腰部两侧。

■ 训练动作

屈膝屈髋下蹲，直至大腿平行于地面。保持下蹲的状态，快速起跳，两腿快速并拢，再快速起跳，双腿向两侧打开。回到起始姿势，重复规定的次数。

侧45度观

宽距深蹲跳外展 | 自重深蹲及其变式

■ **起始姿势**

双脚开立，距离约为肩宽的2倍，双手叉腰，腰背挺直。

■ **训练动作**

屈髋屈膝，下蹲至大腿与地面平行。下肢发力向上跳，在空中双腿向两侧展开。落地时屈髋屈膝，下蹲至大腿与地面平行。重复以上步骤至规定的次数。

知识点

该动作始终双手叉腰，背部挺直，起跳时注意双腿向前伸直。

向上跳起，双腿伸直，脚尖向上。

侧45度观

深蹲踢臀跳 | 自重深蹲及其变式

扫一扫，看视频

挺胸收腹，向上跳起。

知识点

　　该动作过程中保持核心收紧，背部挺直。呈半蹲姿势时，膝关节不要超过脚尖。注意下蹲时呼气，跳起时吸气。

■ **起始姿势**

双脚开立，略宽于肩，屈髋屈膝呈半蹲姿势，膝关节不要超过脚尖，双臂屈肘举在胸前，双手握拳相对。

■ **训练动作**

下肢发力的同时向上跳起，腾空时双腿屈膝，脚跟尽量踢向臀部，然后落地，回到起始姿势。重复以上步骤至规定的次数。

负重深蹲及其变式

杠铃深蹲 | 负重深蹲及其变式

扫一扫，看视频

保持躯干挺直，膝关节和脚尖方向一致。

■ 起始姿势

站在杠铃架下，双脚开立，与肩同宽，脚尖向前，调整杠铃杆至合适的高度。双手握紧杠铃两端。

■ 训练动作

略屈膝屈髋，将杠铃杆放于颈后肩部区域。躯干保持挺直且核心收紧，屈膝屈髋下蹲至大腿与地面平行，然后下肢发力，伸膝伸髋至站立姿势，完成一次动作。重复规定的次数。

侧45度观

🔵 **知识点**

该动作主要锻炼臀部、大腿肌群。运动过程中始终保持躯干挺直和核心收紧，蹲下时吸气，蹲起时呼气。

腹外斜肌

腹内斜肌 *

股直肌

股中间肌 *

股内侧肌

腹直肌

大收肌 *

股外侧肌

注：* 表示深层肌肉

■ 杠铃深蹲动作要点

1. 双手抓好杠铃杆，全握而不是半握。

2. 然后将杠铃杆放在颈后感觉比较舒服的位置。

3. 下蹲时，先屈曲髋部，向后坐，然后屈曲膝关节，开始下蹲。

4. 一直下蹲至髋关节最高点（大腿根折角）低于膝关节位置。此时膝关节弯曲大约为 45 度。

5. 注意下蹲时，手肘要内扣，起身时，手肘向前扣。

6. 深蹲时，需要保证膝关节的运动轨迹与脚尖方向一致。

7. 始终保持胸部挺直，头部抬起，防止上身过度前倾，避免给予脊柱过多压力。

杠铃深蹲跳 | 负重深蹲及其变式

扫一扫，看视频

■ 起始姿势

双脚开立，与肩同宽或略宽于肩，脚尖向前。将杠铃杆置于肩后部斜方肌处，双手握在杠铃杆两侧。

■ 训练动作

躯干挺直，挺胸收腹，眼睛直视前方。下蹲至大腿与地面平行，然后下肢发力，伸膝伸髋，快速向上跳起。按步骤重复规定的次数。

侧45度观

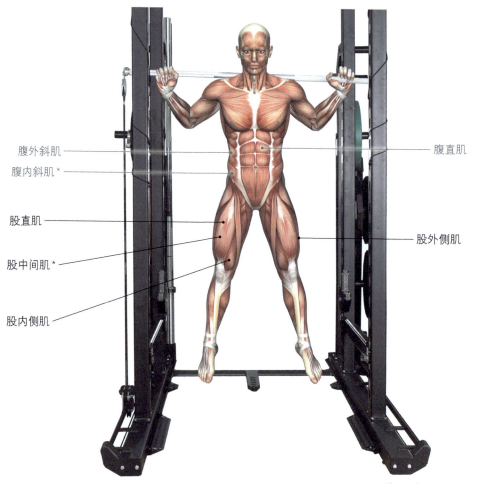

腹外斜肌

腹内斜肌 *

股直肌

股中间肌 *

股内侧肌

腹直肌

股外侧肌

注：*表示深层肌肉

■ 杠铃深蹲跳动作要点

1. 双手抓好杠铃杆，全握而不是半握。

2. 然后将杠铃杆放在颈后感觉比较舒服的位置。

3. 下蹲时，先屈曲髋部，向后坐，然后屈曲膝关节，开始下蹲。

4. 下蹲至大腿与地面平行。

5. 下肢发力向上跳起。不要跳得太高。

6. 落地要轻，并且落地后要充分屈髋屈膝，以缓冲压力。

7. 落地时，可以前脚掌先落地，这样也能缓冲压力。

8. 始终保持脊柱处于中立位。

练习器深蹲 | 负重深蹲及其变式

扫一扫，看视频

■ 起始姿势

站于深蹲练习器上，双脚开立与肩同宽或略宽于肩，身体直立，肩部上方与支撑垫接触，双手抓握前方可调节阻力的手柄。

■ 训练动作

躯干挺直，先下蹲至大腿与地面平行，然后下肢发力，伸膝伸髋，回到起始姿势。按以上步骤重复至规定的次数。

侧45度观

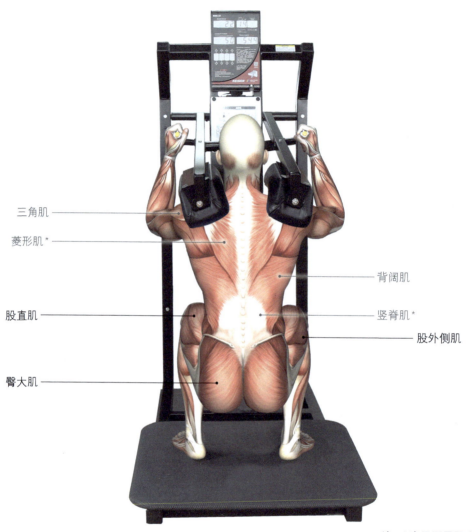

三角肌

菱形肌*

股直肌

臀大肌

背阔肌

竖脊肌*

股外侧肌

注：*表示深层肌肉

■ 深蹲动作要点

1. 深蹲前，先调整好阻力以及肩垫的高度。

2. 下蹲时，躯干要挺直。

3. 下蹲至大腿与地面平行即可。

4. 起身时，下肢发力，伸展髋和膝关节。

5. 始终保持脊柱处于中立位。

深蹲推举 | 负重深蹲及其变式

扫一扫，看视频

■ 起始姿势

深蹲姿，背向站于绳索气阻练习器前，双脚开立，与肩同宽或略宽于肩，双臂屈曲，双手握住把手，放置于肩关节上方且与躯干在同一平面。

■ 训练动作

躯干挺直，核心收紧，快速向上跳起的同时手臂向上伸展，展至最高，然后回到起始姿势。按步骤重复规定的次数。

侧45度观

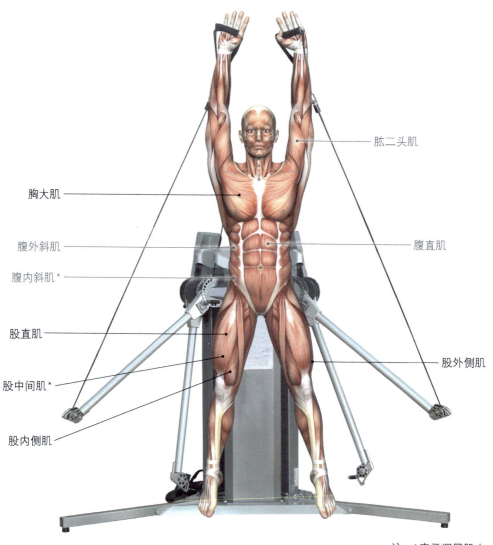

胸大肌

腹外斜肌

腹内斜肌*

股直肌

股中间肌*

股内侧肌

肱二头肌

腹直肌

股外侧肌

注：*表示深层肌肉

■ 深蹲推举动作要点

1. 深蹲前，先调整好阻力。

2. 起始姿势时，双臂弯曲，双手置于双肩上方。

3. 躯干保持挺直，核心收紧。

4. 臀部、腿部肌群发力，身体向上跳起。

5. 跳起过程中双臂向上伸展，展至最高。

6. 整个动作过程中，身体不要左摇右晃。

深蹲常见错误与解决方案

■ 手腕疼痛

原因：在杠铃高位深蹲与低位深蹲中，很多训练者都存在手腕疼痛的问题，这主要是因为深蹲动作不规范，杠铃杆摆放位置或握距不合理。

在低位深蹲中，引起手腕疼痛的原因主要是手腕摆放位置不对，或者胸部与肩部柔韧性不够。将手腕放在杠铃杆后下方，如果肩部柔韧性不够，握距会变得宽一些，此时手腕会承受一部分杠铃杆重量，从而导致疼痛。

在高位深蹲中，杠铃杆放置的位置不对是引起手腕疼痛的主要原因。在高位深蹲中，杠铃杆应放在斜方肌处，而不是肩部。如果放在肩部，会导致杠铃杆下滑，手腕会承受杠铃杆的压力，导致疼痛。再者，在深蹲过程中，如果背部肌肉不收紧，难以稳定杠铃杆，手就会用力稳住杠铃杆，手腕受到的压力增加，导致疼痛。

解决方法：

1. 调整杠铃杆或双手的位置。低位深蹲的杠铃杆握法有直腕虚握、曲腕全握、三指握。训练者可以多试几次，直到选到合适的握法，总之不要让手腕承受过大的压力。

2. 佩戴护腕。护腕能为腕部提供支持，减轻手腕的压力。

3. 背部肌肉收紧。

4. 提升胸肌与肩部肌肉的柔韧性。

在三大项训练之前，我们要增强身体的薄弱肌肉、肌群，或对需要被拉伸、激活的位置进行拉伸和激活。

这里推荐胸肌与肩袖肌群的柔韧性练习。

胸肌被动拉伸

动作要点：

1.直立姿，双脚分开站立。右臂侧平举至肩部高度，右手扶住固定物体。

2.逐渐向左侧扭转身体至右侧胸部肌肉有中等程度拉伸感，并保持。然后恢复至起始姿势，重复动作。换至对侧重复以上步骤。

瑞士球半跪姿肩部拉伸

动作要点：

半跪姿，把瑞士球放在跪地腿前外侧。前侧腿的同侧手背置于球上。身体前倾至肩部后侧肌肉有中等程度拉伸感，保持一段时间后回到起始姿势，重复动作。换至对侧重复以上步骤。

■ 下背部疼痛

原因：深蹲造成下背部疼痛的原因有多种，这里对主要的两种原因进行分析，一是撅屁股蹲，二是负重太大。

1.撅屁股蹲。这种撅屁股蹲，表面看起来会给自己增加魅力，但这种深蹲动作不符合脊椎的生理结构，长时间练下去，不但不能收获翘臀，还会带来下背部疼痛。

在下蹲时撅屁股，臀部最大限度地上翘，会使骨盆处于前倾的状态。骨盆前倾是一种非正常的人体姿态，在这种姿态下，下背部腰椎偏离中立位，过分伸展，对下背部产生额外压力，导致下背部与腰部的疼痛。如果训练者本来就有骨盆前倾，撅屁股蹲会加重骨盆前倾程度，加重腰部疼痛。

2.负重太大。初学者没有训练经验，意识不到有的杠铃对他们来说有点重；有些初学者盲目自信，试图靠蛮力举起大重量的杠铃，都会给身体带来损伤。

大重量会导致动作不正确或发生代偿，造成运动损伤。我们身体主要依靠肌肉力来抵抗负重，但如果负重过大，原定动作的主动肌肌力不足，身体就会依靠其他力量（通常是协同肌或其他部位的肌肉）来完成动作，发生代偿，这往往会导致动作不正确。代偿所造成的后果就是其他肌肉或关节使用过多，导致损伤。

解决方法：可使用哑铃或壶铃做杯式深蹲，难度低，安全性高。用双手将哑铃或壶铃捧在胸前做深蹲，哑铃或壶铃需靠近胸部。先学会正确的发力模式，增强背部、臀部肌群的肌力，再使用杠铃训练。

这里推荐壶铃高脚杯深蹲练习。

壶铃高脚杯深蹲

动作要点：

1. 身体直立，双脚分开，与肩同宽。双手紧握壶铃把手，保持壶铃底部朝上，手臂略微外展，双手将壶铃举至胸前。

2. 下颌抬起，挺胸，开始下蹲，直到大腿与地面平行。

■ 膝关节内扣

原因：膝关节内扣形成的原因有很多，比如臀部肌肉力量或股四头肌力量薄弱，或大腿内侧肌肉太紧张，以及内足弓塌陷（扁平足）、踝关节活动范围不足等。其中最重要的原因是臀部肌肉力量不足，包括臀大肌、臀中肌、臀小肌以及髋外旋肌。在下蹲时，臀部肌肉力量不足，导致股骨稳定性不够，易发生髋关节的内收和内旋，造成膝关节内扣，久而久之易导致膝关节疼痛。

解决方法：深蹲时将阻力带、mini 弹力带绑在膝关节上方，迫使膝关节在深蹲过程中向外展。在深蹲时，弹力带会将膝关节拉向内侧，为了对抗弹力带的张力，训练者会向外打开膝关节，这样可以更多激活臀部肌群。除了使用环髋弹力带做深蹲外，还可以用其做半蹲的直线走或侧向走训练，锻炼臀部肌肉。

这里推荐纠正膝关节内扣的练习。

迷你弹力带半蹲侧向走

动作要点：

1. 躯干略前倾，屈髋屈膝，双脚分开，与肩同宽，将迷你弹力带绕过双腿脚踝，保持弹力带绷直，双臂在胸前位置弯曲。

2. 保持半蹲姿势，一侧腿向同侧迈步，另一侧腿跟随迈步，使双脚间距恢复与肩同宽，手臂跟随摆动。向另一侧迈步时也是同样的动作要求。

■ 身体前倾，脚后跟抬起

原因：深蹲时身体前倾，脚后跟抬起，主要原因是踝关节活动范围不足，小腿后侧肌肉太紧张，柔韧性不足。

脚跟抬高后，大部分负重都会加在股四头肌与膝关节上，易造成股四头肌肌腱炎与膝关节损伤。另外，脚跟抬高会造成不稳，易使身体前倾且发生动作代偿，加重腰背部的负担，引发腰背部疼痛。

在这里，给出一个评估踝关节活动度的方法：面对墙壁，双脚前后分开，后腿跪地，前脚脚尖距离墙壁13cm，然后前腿的膝关节向前移动，直至触碰墙面。此时如果前脚脚跟抬起，则说明踝关节活动度不足；如果前脚跟仍旧贴地，则说明踝关节活动度不受限。

解决方法：用泡沫轴放松腓肠肌（小腿后侧肌肉）。将小腿后侧放在泡沫轴上，前后滚动来放松小腿肌肉。在滚到感觉肌肉比较紧的位置时，可在这个地方反复多滚动几次。除了前后滚动外，还可以左右滚动。还可以穿鞋跟高的深蹲鞋，提高踝关节的运动范围。

这里推荐小腿的泡沫轴放松动作与小腿拉伸练习。

泡沫轴单侧小腿放松

动作要点:

仰卧,双臂向后伸展撑地,双腿伸展,一侧小腿压于泡沫轴上,另一侧小腿叠放于其上。身体前后移动,让泡沫轴在小腿处滚动,重复进行。然后换腿重复动作。

腓肠肌主动拉伸

动作要点:

分腿姿站立,脚尖朝前,右腿屈膝在前,左腿伸直在后,左脚脚跟不离地,双手支撑在右大腿上方;身体逐渐前倾至左小腿的肌肉有中等程度的拉伸感,保持30秒。换对侧重复动作。

■ 肘关节向外

原因：这与动作习惯有关，低杠位深蹲可以将肘关节向外打开，但高杠位深蹲的话，肘部要内收，肘关节要内扣。高杠位深蹲时肘关节向外的原因，与背部肌肉过于紧张，导致肘关节向外打开有关。

解决方法：

1. 有意识地将手肘内收。在深蹲过程中，时刻提醒自己手肘内收，习惯后就不会存在这个问题了。

2. 训练前激活背部肌肉，并进行胸椎灵活性训练。背部肌肉紧张是造成肘部向外打开的原因之一，因此在训练前，要做一些放松动作，激活背部肌肉。另外，胸椎灵活性训练可以拉伸、放松胸椎中段，有助于激活背部肌肉。

这里推荐背部的放松练习和胸椎灵活性练习。

泡沫轴-仰卧-上背部放松

动作要点：

仰卧，上背部压于泡沫轴上，双臂上抬，双手扶在脑后，屈膝，双脚支撑身体。然后髋部略微抬起，身体上下移动，使泡沫轴在上背部滚动。

胸腰椎回旋肌主动拉伸动态扭转

动作要点：

双脚分开站立，面部朝前，双臂屈肘抬起至与地面平行，双手交叠，然后身体最大限度地向右侧扭转；接着回到起始姿势，重复动作。换另一侧重复动作。

■ 杠铃杆不稳

原因：在深蹲过程中，有些人的杠铃杆会变得不稳定，这可能是因为肩胛骨周围肌肉力量不均衡，或者存在脊柱、骨盆倾斜的情况。在杠铃杆不稳、身体失衡时，身体左右两侧受力不均，易受到伤害。

解决方法：

1. 在动作过程中有意识地将手肘内收，有助于保持身体稳定。

2. 想象双手将杠铃杆扳成U形，并将U形杠铃杆套在脖子上。

3. 在起身的时候，想象肩上推举的动作。

4. 在训练前做胸椎灵活性训练与肩胛骨周围肌肉激活训练，并强化肩胛骨周围肌肉力量。

这里推荐胸椎灵活性练习和肩部肌肉激活练习。

泡沫轴胸椎旋转

动作要点：

1. 侧卧，双臂向侧卧面伸展，双手交叠，下侧腿部伸展，上侧腿部向前弯曲，压于泡沫轴上。

2. 双肩向后转动约45度，上侧手臂随之向后伸展至与地面成90度，之后双肩继续向后转动约45度，使上侧手臂完全接触地面。恢复至起始姿势。换另一侧重复动作。

泡沫轴仰卧肩胛激活

动作要点：

身体仰卧，脊椎压于泡沫轴上，双臂向外伸展，双腿屈膝，双脚踩地支撑身体。身体左右移动，使泡沫轴在脊椎两侧的肩胛骨之间滚动。

■ 膝关节先于髋关节弯曲

原因：正确的深蹲应该是髋关节先于膝关节弯曲，同时保持身体平衡。如果膝关节先于髋关节弯曲，会使膝关节承重过大，易造成损伤。

解决方法：

1. 下蹲时，髋关节先屈曲，即臀部向后坐，膝关节随着臀部的运动屈曲。

2. 下蹲做到位的具体标准为：髋关节最高点低于膝关节。髋关节最高点是髋部与大腿在下蹲过程中所形成的褶皱。

3. 膝关节尽量不要超过脚尖。

4. 其他需要注意的事项：上半身前倾；加强臀肌和腘绳肌力量；挺胸，保持躯干中立位。

这里推荐两个腘绳肌力量练习。

哑铃俯卧双侧腘绳肌收缩

动作要点：

俯卧在平凳上，两侧小腿悬在凳子外，双脚夹住一个哑铃，屈膝使小腿垂直于地面，然后再伸膝使小腿平行于地面。重复动作。

弹力带站姿单侧腘绳肌收缩

动作要点：

1. 身体直立，双手叉腰。弹力带一端固定，另一端缠绕在一条腿的踝关节上，保持弹力带绷直但不紧绷。

2. 保持躯干姿势不变，向后勾腿，直至膝关节呈90度，恢复至起始姿势，重复动作。另一侧腿部也采用同样动作。

■ 屁股"眨眼"

原因：这是指深蹲至较低的位置时，臀部出现突然下沉的动作，并且在起身时，臀部又快速地上抬，动作看起来就像眨眼一样。多方面因素都会导致"屁股眨眼"，分析如下。

1. 下肢关节缺乏灵活性，易导致"屁股眨眼"。如果髋关节缺乏灵活性，在臀部晃动的瞬间，腰椎曲度会瞬间变小，使上身的承重压在腰椎上，引发腰椎代偿，最终腰椎间盘损伤概率增加。如果腰椎的灵活性不好，髋关节容易发生代偿，甚至是膝关节与踝关节发生代偿，在蹲至最大限度时，因脚踝缺乏灵活性，也会出现"屁股眨眼"。

2. 双脚站距太窄，也会导致臀部有小幅度上下晃动。

3. 核心肌群没有被及时激活，没有发挥到稳定的作用。核心的重要功能是维持身体的平衡，如果核心肌群没有被激活，身体稳定性欠缺，深蹲时会出现"屁股眨眼"。

4. 臀部肌群与大腿后侧肌群紧张，也容易导致"屁股眨眼"。

解决方法：

1. 穿举重鞋，抬高脚后跟，补偿踝关节缺乏灵活性带来的弊端。

2. 经常拉伸小腿肌肉，或用按摩球、泡沫轴按摩小腿肌肉，提升踝关节活动度。

3. 挺胸，肩胛骨靠拢，正确地屈髋，夹紧屁股，腹部收紧，这些措施都可以激活核心肌群。

4. 站距加宽，找到适合自己的站距。

5. 训练前，放松臀部肌群与大腿后侧的腘绳肌。

下面推荐臀部肌群和腘绳肌的放松练习。

臀部肌群、梨状肌被动拉伸椅式4字体形

动作要点：

1. 坐在跳箱或椅子上，右脚交叉放于左大腿上，呈"4"字形。

2. 保持腰部挺直，身体前倾，将胸部向双腿方向移动至右腿后侧和臀部肌肉有中等程度的拉伸感。

泡沫轴仰卧单侧腘绳肌放松

动作要点：

1. 身体仰卧，双臂向后伸展支撑身体，一侧腿部伸展，将腘绳肌压于泡沫轴上，另一侧腿部弯曲，将踝关节置于压轴腿的膝关节处。

2. 身体前后移动，使泡沫轴在腘绳肌处滚动，重复进行。然后换另一侧腿做同样动作。

第 3 章

硬拉

硬拉的分类

　　硬拉方式有多种，根据是否负重，可分为自重硬拉与负重硬拉。自重硬拉是以自身重量为负重进行的硬拉，如硬拉摇摆、徒手硬拉、单腿硬拉等。负重硬拉是以杠铃、哑铃等器械为负重进行的硬拉，是硬拉的主要训练动作，具体有多种分类，如传统硬拉、相扑式硬拉、举重硬拉、罗马尼亚硬拉、直腿硬拉等。

　　这里我们主要介绍两种常用的负重硬拉，杠铃传统硬拉和哑铃罗马尼亚硬拉，其主要特点如下。

　　杠铃传统硬拉：双脚距离与肩同宽或窄于肩宽，双手抓握距离大于肩宽，位于双腿两侧；屈髋屈膝，臀部发力，将杠铃从膝关节下方拉至身体直立。屈髋能力强、手臂长、下背部肌肉强壮的人适合练习传统硬拉。主要练习臀部、下背部肌肉与腘绳肌。

　　哑铃罗马尼亚硬拉：双脚距离与肩同宽，臀部后坐，双臂自然下垂，双手握哑铃于膝下且贴小腿。臀部和腿部发力，伸髋同时将哑铃向上提拉至身体直立。这种硬拉与其他类型的区别主要是：贴腿向上提拉，下放时不必触地。主要锻炼臀部、下背部、大腿后侧的肌群。

　　各种握距细节如下。窄握距：双手间距离小于肩宽。中等握距：双手间距离与肩同宽。宽握距：双手间距离大于肩宽。

硬拉解剖学

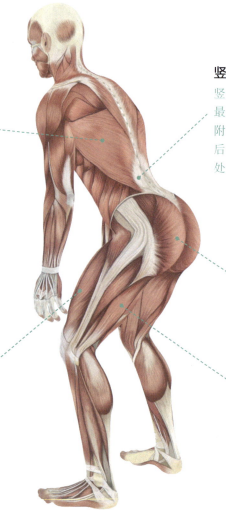

背阔肌

背阔肌是位于胸背区下部和腰区浅层较宽大的扁肌，由胸背神经支配，其作用为伸展、内收、内旋肱骨，攀爬时帮助手臂将身体拉起，并可辅助吸气。

股四头肌

股四头肌位于大腿肌肉前面，由四块肌肉组成，即股直肌、股外侧肌、股中间肌、股内侧肌。主要在人体站立、提举、跳跃等动作中发挥作用。

竖脊肌*

竖脊肌是深层肌，由棘肌、最长肌和髂肋肌共同构成。附于脊柱两侧，可以使脊柱后伸，保证运动过程中脊柱处于中立位。

臀大肌

臀大肌大致呈四边形，位于骨盆后外侧，是身体最强壮的肌肉之一。

腘绳肌

腘绳肌由股二头肌、半腱肌、半膜肌共同构成。这些肌肉共同的起点为骨盆的坐骨结节，均跨越膝关节，负责身体下蹲时膝关节的稳定。

注：*表示深层肌肉

腿部力量的重要性

腿部力量并不是单指深蹲负荷极限重量的能力，速度、爆发力、耐力都取决于腿部力量。以最简单的跑、跳为例，它们其实都取决于腿部的相对力量。

注意下背部的安全

训练中下背部承担着巨大的压力，如果下背部力量较弱，稍有不慎就有可能导致下背部受伤。下背部受伤对于整个健身训练都有巨大的影响，所以不仅要保证动作正确，防止下背部受伤，还要强化下背部周围肌肉力量。

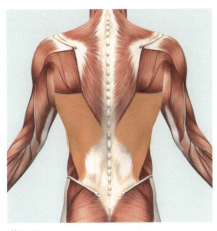

起点

借腱膜起自第7~12胸椎及全部腰椎棘突、骶正中嵴、髂嵴后部和第10~12肋外面。

止点

肱骨小结节嵴。

功能

攀爬时将身体拉向手臂，并可辅助吸气。使肩关节后伸、内收和旋内。

支配神经

胸背神经。

背阔肌

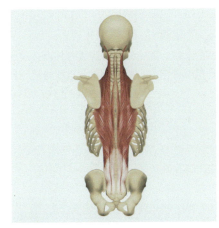

起点

骶骨背面、髂嵴后部、腰椎棘突和胸腰筋膜。

止点

颈、胸椎的棘突与横突、颞骨乳突和肋骨肋角。

独立功能

单侧竖脊肌收缩可使脊柱向同侧侧屈。

整体功能

使脊柱后伸，保持脊柱稳定，维持人体直立姿势。

支配神经

全部脊神经后支。

竖脊肌

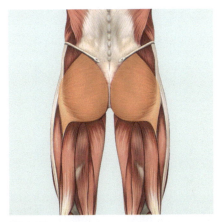

起点

髂骨外侧、骶骨和尾骨后侧，以及骶结节韧带和骶髂后韧带的一部分。

止点

股骨臀肌粗隆和髂胫束。

独立功能

上部使大腿在髋关节处外展；下部使大腿在髋关节处内收。

整体功能

加速髋关节伸展和旋外。

支配神经

臀下神经。

臀大肌

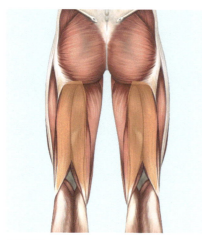

腘绳肌

起点

股二头肌长头起自坐骨结节，短头起自股骨粗线外侧唇的下半部；半腱肌、半膜肌起于坐骨结节。

止点

股二头肌止于腓骨头；半腱肌止于胫骨上端内侧；半膜肌止于胫骨内侧髁后面。

独立功能

近固定时，使小腿在膝关节处后伸，小腿在膝关节处屈。

整体功能

使膝关节在运动中更稳定。

支配神经

坐骨神经。

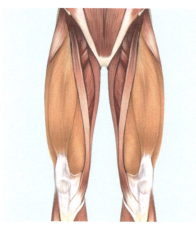

股四头肌

起点

股直肌起自髂前下棘；股中间肌起自股骨体前；股外侧肌起自股骨粗线外侧唇；股内侧肌起自股骨粗线内侧唇。

止点

胫骨粗隆。

独立功能

股直肌可以使大腿在髋关节处屈，牵拉股骨向前。

整体功能

股四头肌整体收缩，使小腿在膝关节处伸。

支配神经

股神经。

热身动作

拉伸绳仰卧拉伸腘绳肌外侧 | 热身动作 柔韧性

扫一扫，看视频

知识点

　　该动作主要发展腘绳肌外侧的柔韧性。运动过程中核心收紧，膝关节伸直，全程均匀呼吸。

双手向后、右拉拉伸绳，使左腿上抬，充分拉伸腘绳肌外侧。

■ **起始姿势**

仰卧于垫上，躯干挺直，双腿伸直，一侧脚底固定一根拉伸绳，且沿踝关节由外向内环绕，双手握住拉伸绳的另一端。

■ **训练动作**

拉伸腿膝关节伸直，双手向对侧方向拉绳，使髋关节屈曲内旋，直至大腿后方外侧有拉伸感，保持一定的时间，然后换另一侧重复上述动作并保持一定的时间。

半跪姿屈髋肌拉伸 | 热身动作 柔韧性

扫一扫，看视频

知识点

该动作通过髋关节伸展，拉伸髂腰肌、股四头肌。全程保持均匀呼吸。

■ 起始姿势

将泡沫半轴曲面朝上置于垫上，身体呈半跪姿势，一侧腿部向前屈曲，膝关节呈90度，脚部支撑地面；另一侧腿部向后伸展，膝关节呈90度压于泡沫半轴上。挺胸抬头，双臂屈曲，双手扶于腰部。

■ 训练动作

躯干向前移动，使前腿膝关节角度缩小，后腿膝关节角度加大，增大屈髋肌拉伸幅度。回到起始姿势，重复规定的次数。换至对侧重复以上步骤。

动作过程中核心收紧，背部挺直。

侧卧股四头肌拉伸 | 热身动作 柔韧性

扫一扫，看视频

■ **起始姿势**

双腿伸直侧撑于垫上，靠近垫子的腿部与手臂前臂和手掌共同支撑身体。

■ **训练动作**

远离垫子的腿屈膝，小腿勾向臀部，同时同侧手在身后抓住勾起的脚，并施加压力将小腿压向臀部，直到被拉伸腿的大腿前侧肌群有中等强度的拉伸感，保持该姿势至规定时间，回到起始姿势。换至对侧重复以上步骤。

知识点

注意全程保持核心收紧，并保持身体的平衡。全程保持均匀呼吸。

小腿拉伸 | 热身动作 柔韧性

扫一扫，看视频

后腿伸直，且全脚掌着地，脚跟不能离地。

> **知识点**
>
> 注意身体重心向前时，动作要缓慢，不要过度发力。感受小腿的拉伸。

■ **起始姿势**

双手置于腰部两侧，腰背挺直，核心收紧，前腿向正前方迈出一步，脚尖朝前，后腿伸直，全脚掌着地，身体重心在两腿之间。

■ **训练动作**

后腿伸直，保持全脚掌着地不动。重心前移，前腿膝关节顺势向前，直至后侧小腿肌肉有中等程度的牵拉感。回到起始姿势，重复规定的次数。

坐姿髋内收肌拉伸 ｜ 热身动作　柔韧性

扫一扫，看视频

知识点

全程保持背部挺直。注意将躯干压向地面时呼气。

■ **起始姿势**

坐于垫上，背部挺直，膝关节屈曲，双腿足底相对，双手扶在双脚脚尖。

■ **训练动作**

躯干向前倾斜，至髋内侧肌群有中等强度的拉伸感，保持该姿势至规定时间。

前后摆腿 | 热身动作 灵活性

扫一扫，看视频

> **知识点**
>
> 整个动作过程中，核心收紧，躯干保持稳定。支撑腿、摆动腿都保持伸直的状态。

■ **起始姿势**

侧向站立在椅子旁，双脚平行，与肩同宽，脚尖朝前，双腿伸直，臀部收紧，挺胸抬头，目视前方，下颌收紧；双臂自然下垂，一侧手扶椅子靠背，另一侧手自然下垂。

■ **训练动作**

躯干保持不动，一侧腿支撑，另一侧腿直腿抬起至腿与地面平行，然后顺势向后伸髋至最大限度，回到起始姿势。双腿交替进行，完成规定的次数。

弹力带侧向行走 | 热身动作 神经肌肉激活

扫一扫，看视频

■ **起始姿势**

躯干直立，身体半蹲至膝关节呈90度，双脚分开，与肩同宽并踩住弹力带中间，双手分别紧握弹力带两端，双臂向上屈曲至肩部，使弹力带保持一定张力。

■ **训练动作**

保持手臂姿势不变，臀部发力，一侧腿向同侧迈步，另一侧腿跟随迈步，使双脚间距恢复至与肩同宽。重复规定的次数。向另一侧迈步时也是同样的动作要求。

侧45度观

 ▶  ▶

自重硬拉及其变式

硬拉摇摆 | 自重硬拉及其变式

扫一扫，看视频

> **知识点**
>
> 全程保持核心收紧。脚尖与膝关节方向一致，下蹲时膝关节不要超过脚尖，保持速率平稳。下蹲时吸气，蹲起时呼气。

保持背部挺直，核心收紧。

■ 起始姿势

站姿，双脚开立，与肩同宽，腰背挺直，双臂自然放在身体两侧。

■ 训练动作

躯干前倾，同时屈髋后坐，双腿微屈下蹲，同时双手在大腿间合掌；然后臀肌发力伸髋，使躯干与腿部成一条直线，同时双手向上运动，到达头顶，此时手臂、躯干、腿部呈一条直线。回到起始姿势。重复以上步骤至规定的次数。

徒手硬拉接划船 | 自重硬拉及其变式

扫一扫，看视频

保持背部挺直，
核心收紧。

■ **起始姿势**

站姿，双脚开立，与肩同宽，屈髋俯身，膝关节微屈，躯干与
地面平行，双臂伸直自然悬垂于肩部下方。

■ **训练动作**

伸髋抬起躯干，然后上背部肌肉发力，带动肩关节向后伸展，
肘关节向后拉，做划船动作。回到起始姿势。重复至以上步骤
至规定的次数。

背侧45度观 ▶

单腿硬拉 | 自重硬拉及其变式

扫一扫，看视频

■ **起始姿势**

单脚站立，支撑腿微屈或伸直，非支撑腿向上抬起。身体挺直，双臂自然下垂，掌心相对。

■ **训练动作**

躯干前倾，同时非支撑腿伸髋，向后伸展，直至躯干与腿部呈一条直线。回到起始姿势，全程保持双臂自然下垂。重复以上步骤至规定的次数。

身体呈一条直线。

侧45度观

骨盆保持水平

哑铃硬拉

哑铃罗马尼亚硬拉 | 哑铃硬拉

扫一扫，看视频

知识点
此动作过程中核心始终收紧，背部保持挺直。注意俯身时吸气，恢复时呼气。

■ **起始姿势**

双脚开立，与肩同宽，臀部后坐，双臂自然下垂，双手握住哑铃，大拇指相对，背部肌肉收紧。

■ **训练动作**

保持背部挺直，双臂姿势不变，臀部与腿部发力，伸髋站直的同时将哑铃沿小腿向上提拉，至大腿前侧。重复以上步骤至规定的次数。

侧面观

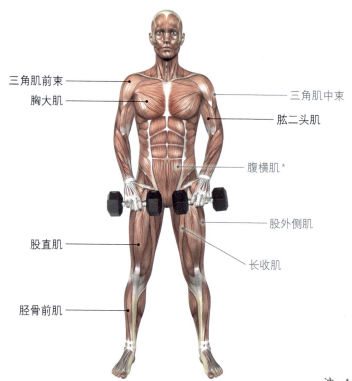

三角肌前束

胸大肌

三角肌中束

肱二头肌

腹横肌 *

股外侧肌

股直肌

长收肌

胫骨前肌

注：*表示深层肌肉

■ 哑铃罗马尼亚硬拉动作要点

1. 双脚距离与肩同宽，俯身，双手握住哑铃。

2. 哑铃尽量贴向胫骨（小腿前侧）。

3. 开始硬拉时，下颌抬起，挺胸，保持背部挺直，尤其是下背部不要拱起或塌陷。

4. 然后腘绳肌和臀肌发力，抬起上半身，将哑铃向上拉，注意哑铃要贴近双腿，同时拉起过程中背阔肌保持收紧。

5. 直至身体站直。

6. 下放时，将哑铃下放至小腿中间部位即可，不用放到底部。

7. 如果想增加动作难度，下放时尽量保持双腿伸直，能更多地激活腘绳肌。

■ 哑铃罗马尼亚硬拉辅助方法

利用较长的弹力带，将一端套在髋部位置，另一端固定在固定器械上。这样可以让臀部肌群更加积极地参与硬拉动作。在进行硬拉之前，向前走几步，保证弹力带全程有张力。

杠铃硬拉

杠铃传统硬拉 ｜ 杠铃硬拉

扫一扫，看视频

> **知识点**
> 此动作过程中核心始终收紧，背部保持挺直。

■ 起始姿势

双脚开立，与肩同宽或略窄于肩，脚尖向前。臀部后坐，上身前倾，膝关节略微屈曲，双手握杆于膝关节下方且贴近小腿。

■ 训练动作

躯干挺直，核心收紧，伸髋提拉杠铃站起至直立位，双眼直视前方，然后下放。按步骤重复规定的次数。

侧 45 度观

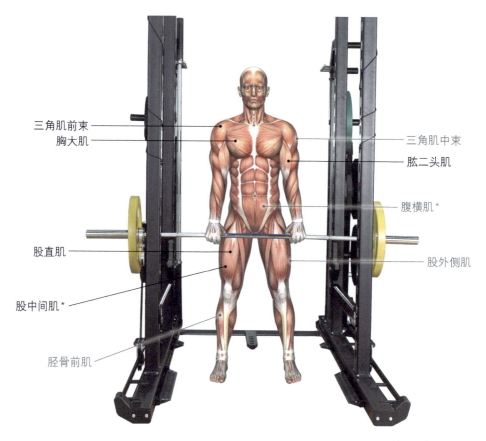

三角肌前束
胸大肌
三角肌中束
肱二头肌
腹横肌*
股直肌
股外侧肌
股中间肌*
胫骨前肌

注：*表示深层肌肉

■ 杠铃传统硬拉动作要点

1. 双脚距离与肩同宽，握住杠铃杆，双手握距略大于肩宽。正握、反握都可以，也可以一只手正握，一只手反握，这样可防止杠铃杆下滑。

2. 做起始姿势时，杠铃杆贴近小腿。

3. 保持全身肌肉收紧，上身为中立位，臀部、大腿后侧肌肉发力伸展髋关节，将杠铃杆拉起。

4. 直至身体站直。

5. 注意在杠铃杆拉过膝部位置时，股四头肌和臀部肌群收紧、发力，有助于在拉至顶点时锁住动作。

6. 整个动作过程中，膝关节不要内扣，应与脚尖的方向一致。

7. 注意背部不要弓起或塌陷，上半身处于中立位。

8. 注意呼吸，拉起之前深吸一口气，屏住呼吸，拉起；下放时，初始阶段屏住呼吸，然后再慢慢呼出来。

硬拉常见错误与解决方案

■ 拉起困难，下背部疼痛

原因：硬拉时，需要背部保持挺直状态，如果背部姿势不正确，会造成下背部疼痛。背部弓起或过度塌腰，都是造成下背部疼痛的原因。主要原因有以下两种。

1.臀部和大腿后侧肌肉柔韧性较差，导致弓背。

2.过度塌腰，导致腰椎超伸。很多人知道硬拉时背部要挺直，因此在练习时，会刻意保持背部挺直的状态。但有一部分人会矫枉过正，导致腰椎超伸，使腰椎偏离中立位。而腰椎的过屈或过伸都会导致椎间盘的压力过大，带来下背部疼痛。

解决方法：

1.改善臀部和大腿后侧肌肉的柔韧性。可将杠铃杆垫高或练习半程硬拉。

2.强化臀部和腿部肌肉，以及核心肌群的力量。

这里推荐强化臀部、腿部肌群力量的练习。

哑铃架式前蹲

动作要点：

1.基本站姿，双手各握1只哑铃于肩关节上方。

2.屈髋屈膝向下蹲，至大腿与地面平行。然后回到起始姿势，重复动作。

■ 含胸

原因：下背部用力过度，过于强调硬拉的"上提"动作，而下肢肌肉没有发力。此时容易出现"借力"的情况，大部分负荷都压在下背部竖脊肌位置，使下背部过度使用，容易造成肌肉拉伤。硬拉的主要发力部位应是臀部与腿部，在硬拉前半程中，要靠这两个部位肌肉发力，双脚蹬地，将杠铃拉离地面。

解决方法：

1. 硬拉时背部肌肉收紧，尤其是背阔肌、肩胛骨周围肌群。

2. 身体保持中立位。

3. 上拉时杠铃杆紧贴小腿胫骨。

4. 臀部肌群和腘绳肌发力。

这里推荐臀部肌群和腘绳肌练习动作。

静态臀桥

动作要点：

仰卧，双手放在身体两边，屈膝，双脚脚跟着地；臀部肌肉收紧，顶髋至最高点，保持肩、躯干、髋和膝在一条直线上，每次保持动作30秒左右。

第 4 章

卧推

卧推的分类

卧推有多种形式：根据是否负重，可分为自重卧推与负重卧推；根据推起时杠铃的路径是直线还是"J"形路线，可分为直线卧推与J曲线卧推；根据卧推平台的角度，可分为平板卧推、上斜卧推、下斜卧推等。

自重卧推最经典的动作是俯卧撑，整个动作过程中，除了胸肌作为主要肌肉参与之外，还有其他肌肉和肌群，如三角肌前束、手臂肌肉、腰腹部肌群等，其全身训练效果较好。负重卧推需要参与的肌群没有俯卧撑那么多，力量发展更有针对性，胸肌的训练效果会更好些。

直线卧推相较于J曲线卧推，路径短，机械效率高，但如果动作不正确，容易造成肩关节损伤，而J曲线卧推则不容易损伤肩关节。

平板卧推、上斜卧推、下斜卧推，虽然都可以锻炼胸肌，但因倾斜角度不同，各自训练的重点部位也不同。平板卧推可以锻炼胸大肌的中部，对胸部围度的打造很重要；上斜卧推主要锻炼胸大肌的上部；下斜卧推的锻炼部位则是胸大肌的下部。

不同的卧推形式有不同的原则，但所有的卧推形式有一个共同原则，即两侧肩胛骨要相互靠拢，背阔肌要收紧。这是因为力的作用是相互的，卧推时人躺在卧推凳上，上方与杠铃之间互为作用力，下方与卧推凳之间互为作用力。人对抗杠铃重量将其举起时，会给下方的卧推凳同样大小的推力。在杠铃重量保持不变的情况下，卧推凳与人之间的接触面积越大，人在做卧推时会更加稳定，卧推的难度也会降低。而肩胛骨靠拢，背阔肌收紧，可以增加背部与卧推凳的接触面积，使卧推更容易完成。

进行卧推训练时，动作要做标准，并且负重要合适。如果动作模式不标准，或者负重太大而导致动作变形，就起不到应有的锻炼效果，且容易带来运动损伤。

卧推解剖学

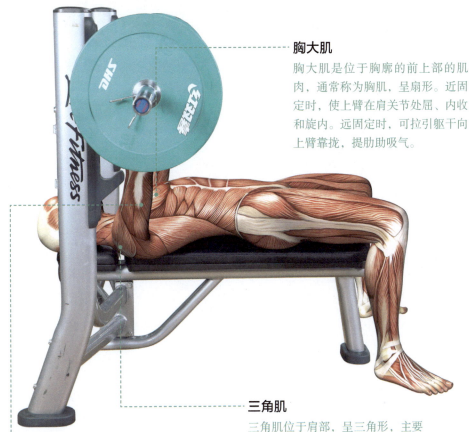

胸大肌

胸大肌是位于胸廓的前上部的肌肉，通常称为胸肌，呈扇形。近固定时，使上臂在肩关节处屈、内收和旋内。远固定时，可拉引躯干向上臂靠拢，提肋助吸气。

肱三头肌

肱三头肌在上臂后面延伸，可伸直或伸展手臂，受桡神经支配。

三角肌

三角肌位于肩部，呈三角形，主要使肩关节外展。三角肌前部纤维收缩可使肩关节前屈并略旋内；后部纤维收缩可使肩关节后伸并略旋外，是力量的象征。

手臂力量的重要性

手臂是身体力量的象征，充分的锻炼可以使手臂拥有紧实的线条。手臂力量加强就可以在身体对抗中取得优势，同时在其他的训练中更具优势。

注意手臂的安全防护

一段时间大重量训练后，感觉手腕和肘关节甚至肩关节出现疼痛感，其原因是手臂各肌肉的基础力量较弱，在大重量训练时无法为关节分担更多的负荷，并且使用大重量进行训练的频率过多，导致关节磨损。因此，应该注意不要过度训练。

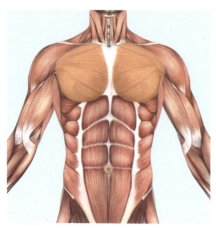

起点

锁骨内侧半，胸骨前面和第1~6肋软骨，腹直肌鞘前层。

止点

肱骨大结节嵴。

功能

使肩关节屈曲、内收和旋内，还可提肋助吸气。

支配神经

胸外侧神经和胸内侧神经。

胸大肌

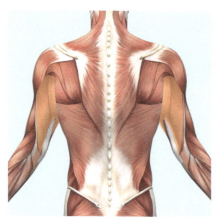

起点

长头起自肩胛骨盂下结节，内侧头起自桡神经沟内下方，外侧头起自肱骨体后面桡神经沟外上方。

止点

尺骨鹰嘴。

独立功能

近固定时，长头使肩关节后伸。远固定时，长头使上臂在肘关节处伸。

整体功能

近固定时，使肘关节伸。

支配神经

桡神经。

肱三头肌

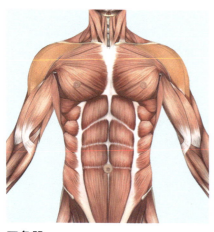

起点

锁骨的外侧半、肩峰和肩胛冈。

止点

肱骨三角肌粗隆。

独立功能

前部纤维收缩使上臂在肩关节处屈和旋内；中部纤维收缩使上臂外展；后部纤维收缩使上臂在肩关节处伸和旋外。

整体功能

整体收缩，可使上臂外展。

支配神经

腋神经。

三角肌

热身动作

侧卧肩外旋 | 热身动作

扫一扫，看视频

> **知识点**
>
> 动作过程中核心收紧，同时上臂始终贴近身体。全程保持均匀呼吸。

支撑手臂始终保持固定。

■ **起始姿势**

侧卧于瑜伽垫上，双腿并拢，膝关节微曲，一侧肘支撑地面，肩关节在肘关节正上方，另一侧手握哑铃置于身体前方，同侧肘顶在骨盆处以固定位置。

■ **训练动作**

保持肘位置不变，肩关节向外侧旋转，将哑铃举至体侧，达到活动度最大范围。回到起始姿势，重复规定的次数。换至对侧重复以上步骤。

肩胛骨运动 | 热身动作

扫一扫，看视频

知识点

　　该动作通过肩胛骨前伸与后缩锻炼背部肌群。全程保持核心收紧，均匀呼吸。

■ **起始姿势**

身体直立，双脚分开，与肩同宽，双臂向上屈曲，双手分别紧握弹力带两端，将弹力带从身体背部的肩胛骨处绕过，使弹力带保持一定张力。

■ **训练动作**

保持身体姿势不变，双手将弹力带向身前中间拉，上背部发力带动肩胛骨前伸与后缩。回到起始姿势，重复规定的次数。

双臂下拉 | 热身动作

> **知识点**
>
> 动作过程中，手臂上升时吸气，手臂下降时呼气。核心收紧并避免耸肩。

■ 起始姿势

身体直立，双脚分开，与肩同宽，双臂向斜上方伸展，双手分别紧握弹力带两端，使弹力带保持一定张力。

■ 训练动作

保持双臂伸直，肩部与背部发力，双手向外、向下拉伸弹力带使其与地面平行，此时弹力带位于脑后与耳垂平齐的位置。回到起始姿势，重复规定的次数。

站姿肩关节外旋 | 热身动作

扫一扫，看视频

知识点

　　全程保持均匀呼吸，同时背部保持挺直，并且核心收紧。

■ **起始姿势**

双脚开立，与肩同宽。双手握哑铃自然垂于身体两侧。上臂上抬至与地面平行，前臂下垂，掌心向后。

■ **训练动作**

上臂保持位置不变，前臂向前、向上抬起至与地面垂直，掌心向前。回到起始姿势，重复规定的次数。

双臂水平后拉 | 热身动作

扫一扫，看视频

■ **起始姿势**

将弹力带中间固定在身体前方，与腹部等高的位置上，双手紧握弹力带两端，站在能够使弹力带保持一定张力的位置，双脚分开，与肩同宽，身体挺直，核心收紧。

■ **训练动作**

保持身体姿势不变，背部发力，双臂向后拉伸弹力带至双手到达腰部两侧的位置。回到起始姿势，重复规定的次数。

侧45度观

哑铃卧推及其变式

哑铃上斜卧推 | 哑铃卧推及其变式

扫一扫，看视频

■ 起始姿势

将训练椅调节为上斜30~45度，仰卧在训练椅上。双手握哑铃放于肩关节上方。

■ 训练动作

胸部发力，双臂同时上举，至肘关节完全伸直，掌心向前，推举过程中保持哑铃稳定。回到起始姿势，重复规定的次数。

侧面观

瑞士球哑铃卧推 | 哑铃卧推及其变式

扫一扫，看视频

知识点

动作过程中，背部平直靠在瑞士球上，双手握紧哑铃，双脚保持不动。

■ 起始姿势

仰卧于瑞士球上，上背部、中背部紧贴球面，挺髋的同时屈膝呈90度，使躯干、大腿与地面平行。双手正握哑铃，双臂伸直上举，将哑铃置于胸部正上方，距离与肩同宽。

■ 训练动作

屈肘下放哑铃至上臂与地面平行，始终保持前臂与地面垂直。胸部发力推起哑铃，回到起始姿势。重复规定的次数。

侧45度观

瑞士球单臂交替哑铃卧推 | 哑铃卧推及其变式

扫一扫，看视频

■ 起始姿势

仰卧于瑞士球上，上背部、中背部紧贴球面，挺髋的同时屈膝呈90度，使躯干、大腿与地面平行。双手正握哑铃，双臂伸直上举，将哑铃置于胸部正上方，距离与肩同宽。

■ 训练动作

保持一侧手臂不动，另一侧手臂竖直下放哑铃至胸部侧上方。胸部发力推起哑铃，回到起始姿势，换至对侧重复以上步骤。两侧交替重复规定的次数。

侧45度观

瑞士球单臂哑铃卧推 ｜哑铃卧推及其变式

扫一扫，看视频

> **知识点**
>
> 　　动作过程中，背部平直靠在瑞士球上，单手握紧哑铃，双脚保持不动。

■ 起始姿势

仰卧于瑞士球上，上背部、中背部紧贴球面，挺髋的同时屈膝呈90度，使躯干、大腿与地面平行。单手正握哑铃，肘关节指向身体外侧60度，前臂垂直于地面，另一侧手掌放于腹部。

■ 训练动作

保持身体不动，胸部发力，向正上方推起哑铃，短暂停留后竖直下放哑铃至胸部上方（肘关节呈90度）。回到起始姿势，重复规定的次数。换至对侧重复以上步骤。

杠铃卧推及其变式

杠铃平板卧推 | 杠铃卧推及其变式

扫一扫，看视频

■ 起始姿势

仰卧于卧推凳，双脚支撑。双手正握杠铃杆于胸部正上方，握距略比肩宽，手臂伸直。

■ 训练动作

屈肘下放杠铃至胸部，然后上臂和胸部发力，将杠铃向上推起，回到起始姿势。按步骤重复规定的次数。

侧面观 ▶

胸大肌

肱二头肌

腹直肌

腹横肌*

肱三头肌

背阔肌

注：*表示深层肌肉

■ 杠铃平板卧推动作要点

1. 对于握把位置，找到自己舒服的位置即可。正握杠铃杆，握距不要太宽，也不要太窄，太窄则肩部三角肌会过度发力，易造成损伤。

2. 做起始姿势时，杠铃杆位于肩部正上方。

3. 最好手指全握杠铃杆，防止杠铃杆下滑。

4. 下放时，手肘指向身体外侧60度。

5. 推起时，身体各部位肌肉收紧，胸部上挺，背部稍稍弓起。

6. 下放时，确保杠铃杆会触碰到胸部，且处于胸部下沿处。

杠铃下斜卧推 | 杠铃卧推及其变式

扫一扫，看视频

■ 起始姿势

仰卧于下斜卧推凳，双手正握杠铃杆于下胸部正上方，握距略比肩宽，手臂伸直。

■ 训练动作

屈肘下放杠铃至下胸部，然后上臂和胸部发力，将杠铃向上推起，回到起始姿势。按步骤重复规定的次数。

侧45度观

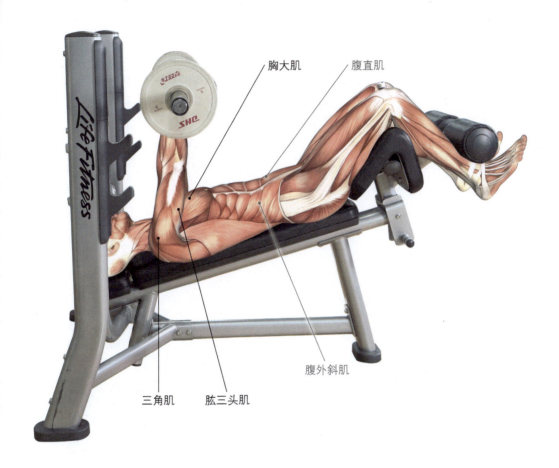

胸大肌　腹直肌

三角肌　肱三头肌　腹外斜肌

■ 杠铃下斜卧推动作要点

1. 对于握把位置，找到自己舒服的位置即可。正握杠铃杆，握距不要太宽，也不要太窄，太窄则肩部三角肌会过度发力，易造成损伤。

2. 做起始姿势时，杠铃杆位于胸部正上方。

3. 背部要紧贴靠背，且不能离开靠背。

4. 双脚距离同肩宽。

5. 推起杠铃时，身体肌肉收紧，双臂要完全伸展开，但不能锁紧。

6. 下放时，确保杠铃杆会触碰到胸部上方接近锁骨处，轻轻触碰之后就再次推起。

杠铃上斜卧推 | 杠铃卧推及其变式

扫一扫，看视频

■ 起始姿势

仰卧于上斜卧推凳，双脚支撑地面。双手正握杠铃杆于肩部正上方，握距略比肩宽，手臂伸直。

■ 训练动作

屈肘下放杠铃至胸部，然后上臂和胸部发力，将杠铃向上推起，回到起始姿势。按步骤重复规定的次数。

双腿位置始终保持固定。

正面观 ▶

肱三头肌

胸大肌

腹直肌

三角肌

■ 杠铃上斜卧推动作要点

1. 对于握把位置，找到自己舒服的位置即可。正握杠铃杆，握距不要太宽，也不要太窄，太窄则肩部三角肌会过度发力，易造成损伤。

2. 做起始姿势时，肩部在杠铃杆正下方。

3. 双脚位置尽量保持不变。

4. 推起杠铃时，身体肌肉收紧，双臂要完全伸展开，但不能锁紧。

5. 下放时，确保杠铃杆会触碰到胸部，且处于胸部正上方，轻轻触碰之后就再次推起。

卧推常见错误与解决方案

■ 发力不集中

原因：发力不集中的原因有两个。

1. 双腿与上身肌肉没有收紧。双腿是卧推的重要力量来源，双腿肌肉没有收紧的话，容易泄力。

卧推时，要时刻保持身体各部位肌肉的收紧，尤其是双腿。即使在躺着的状态下，有人来推双腿时，双腿也应保持推不动的状态。动作要点是，下背部反弓，胸部挺起来。这样容易保持全身肌肉的收紧。即使在杠铃杆下放到最低的时候，也要保持肌肉的紧绷感。如果此时泄力，就很难再推起来，胸部也会随之塌下去，腿部与上肢的力量都不能利用到。

2. 杠铃下放时，背部没有贴紧训练凳，导致泄力。杠铃下放时，臀部与背部接触训练凳时，要收紧肌肉。手肘不能向两边张开，而应当指向身体外侧，上臂与躯干的夹角约为60度。此时胸部要上挺，手腕保持中立位。

发力不集中，最终易导致训练效果差和腰痛。

解决方法：

1. 双腿肌肉发力收紧，上身绷紧，保持肌肉张力。

2. 臀部肌肉发力收紧。

3. 双肩和背部贴紧训练凳。

有力的双腿会对卧推起到助力作用。这里推荐双腿力量的强化练习。

哑铃弓步前蹲

动作要点：

1. 身体挺直站立，双手各握一只哑铃，放在体侧。

2. 向前弓步，起身的同时双臂弯举，将哑铃置于肩部上方，然后完成一次深蹲。最后回到起始姿势，重复动作。

■ 手肘外翻

原因：手肘过于向外打开，肩关节处于外展的状态，这样会导致肩部受力过大，肩部容易受损。很多人在做卧推时，喜欢手肘朝外，指向身体正侧方，上臂与躯干夹角约为90度。这样做会将很大的负重压在肩部位置。

解决方法：

1. 想象将杠铃杆掰成U形。手肘内扣，此时手腕会随着肘部的转动变得稳定。训练者在做动作时，可以想象着要把杠铃杆掰成U形，这种状态下，肘部会自然指向身体外侧60度的方向。否则很容易出现手肘外翻。

2. 加强肩关节周围肌肉训练，对维持卧推稳定性也很有必要。

这里推荐肩关节强化练习。

哑铃肩关节多方向练习

动作要点：

双手握哑铃自然下垂，基本站姿。然后依次进行侧平举、肩关节水平内收、俯身飞鸟三个练习。最后回到起始姿势，重复动作。

■ 卧推一边高一边低

卧推一边高一边低，一般有以下两种原因。

1. 两侧胸肌力量不均衡。如果一侧胸肌比较发达，大于另一侧胸肌的力量，在做卧推时，比较强壮的一侧会先推起杠铃，而另一侧会慢一些，导致卧推一边高一边低。

2. 肩胛骨不稳定，没有收紧周围肌肉使肩胛骨下沉。肩胛骨没有下沉，周围肌肉没有收紧，肩部不能提供一个稳定的平台，导致卧推一边高一边低。

无论是哪种原因造成卧推一边高一边低的现象，都存在安全隐患。

解决方法：

1. 加强胸部弱侧肌肉练习。哪一侧的肌力弱，就对这一侧进行单臂哑铃卧推练习。在"卧推"章节中有该动作，可参考练习。

2. 激活肩胛骨周围肌肉，尤其是斜方肌与菱形肌。

这里推荐肩胛骨周围肌肉激活练习。

弹力带－站姿－T字激活

动作要点：

1. 身体直立，双脚分开，与肩同宽，双手分别紧握弹力带两端，双臂前平举，保持弹力带有一定的张力。

2. 保持身体姿势不变，双臂向体侧水平拉伸弹力带，使手臂与身体呈T形，保持弹力带始终与地面平行。然后恢复至起始姿势，重复动作。

■ 卧推轨迹后倾引发肩膀受伤

原因：手腕向后弯曲，杠铃轨迹易后倾。很多人在推起杠铃的时候，往往会向架子的方向（头顶方向）推起，而不是向上垂直推起。这样的话，会带给肩部很大的负重，导致肩部受伤。

解决方法：推起时，想象将杠铃朝斜前方推举，轨迹会回归正常。如果垂直向上推出去，杠铃很可能会向架子方向倾斜；如果向斜前方带些角度推出去，那么杠铃的轨迹就是垂直的。

■ 卧推时耸肩，造成肩袖肌群受伤

原因：卧推时耸肩，原因在于肩胛骨不稳定。如果耸肩，在躺下的时候，身体处于泄力状态，容易造成肩部疼痛、肩袖肌群受伤。

肩胛骨不稳定，主要是因为肩胛骨周围肌肉力量不平衡或没有被激活。比如，肩胛骨周围的斜方肌，从上到下分成三束，在平时训练过程中，有些人只注重斜方肌下束的训练，而忽略了上束、中束的训练，从而造成斜方肌发展不平衡。肩胛骨周围的菱形肌，属于肩部深层肌肉，如果训练前没有被激活，也容易造成耸肩。

解决方法：

1. 训练前拉伸斜方肌，激活菱形肌。

2. 卧推过程中背部肌肉收紧。

3. 日常训练中注意均衡发展肌肉力量。

这里推荐斜方肌的拉伸练习和肩胛骨周围深层肌肉的拉伸练习。

斜方肌-主动拉伸-背后握臂-头部倾斜

动作要点：

1. 直立姿，双脚分开，与肩同宽，双臂自然下垂。

2. 双臂置于体后，头最大限度地向右侧倾斜；右手握住左臂腕部并向下拉至左侧斜方肌有中等程度的拉伸感。换对侧重复动作。

菱形肌、躯干伸肌－主动拉伸－动态猫式

动作要点：

1.跪姿，双手与双膝撑于地面，距离与肩同宽，背部平直。

2.收紧腹部的同时含胸低头，使背部弓起至目标肌肉有中等程度的拉伸感；然后回到起始姿势，重复动作。

第 5 章

常见问题

运动强度如何判定

运动强度是运动训练对人体的生理刺激程度。在力量训练中，不同水平的训练者可以用不同的方法来判定运动强度。

■ RM

对初学者来说，可以用RM来衡量自己力量训练的强度。RM是动作的负荷，是训练者在固定的负重下做某个动作的最大次数。比如做卧推动作，选择100kg负重，如果训练者用尽全身力气只能推起1次，那RM值就是1，如果能推起9次，RM值就是9。

初学者在进行训练的时候，选择运动强度，通常以1RM为参照。1RM是自身最大力量。比如，如果想选择增加肌肉维度，通常可以使用60%~70%1RM强度负荷来训练。那么该如何知道自己的1RM是多少呢，在这里提供一个评估方法，即多次重复的1RM值评估。

这种测试方法是通过多次、重复进行1RM最大力量测试，根据所记录的数值，预估一个人的1RM值。这个预估方法适合对不同年龄群体进行测试，但比较适合多关节运动。

以卧推动作为例来测试上肢1RM值，具体测试过程可以按照以下步骤来操作。

被测试者选择自己可以推举10~15次的重量，用重复的次数乘以2.5。

假设一位女性推举50磅（约22.7kg）的重量，可重复动作10次。此时得出第一步的计算结果：$10 \times 2.5 = 25$。

用100减去第一步得出的数据。

此时得出第二步的计算结果：$100 - 25 = 75$。

用第二步得出的数据除以100，计算1RM的百分比。

此时得出第三步的计算结果：$75 \div 100 = 75\%$。

用推举的重量除以1RM的百分比，即为自己的1RM值。

此时得出最大力量1RM＝$50 \div 75\% \approx 67$（磅）。

参照上面的方法，用腿部推举动作同样可以测试下肢1RM值。

如果想用来和同龄人比较一下最大相对力量，用1RM除以体重就能得出自己的最大相对力量。

不过所有这些评估，与实际的1RM值均有差别，但大体上能反映一个人肌肉力量的大小。自己的1RM值在同龄人中居于何种水平，可参照表5.1~表5.4来判定（表格中的力量参数是最大相对力量，即1RM除以体重得到的值）。

卧推重量比等于卧推的重量除以体重。

表5.1 上肢肌肉力量标准（男性）

男性	年龄					
	20岁以下	20~29岁	30~39岁	40~49岁	50~59岁	60岁及以上
非常优秀	1.76或更高	1.63或更高	1.35或更高	1.20或更高	1.05或更高	0.94或更高
优秀	1.34~1.75	1.32~1.62	1.12~1.34	1.00~1.19	0.90~1.04	0.82~0.93
好	1.19~1.33	1.14~1.31	0.98~1.11	0.88~0.99	0.79~0.89	0.72~0.81
一般	1.06~1.18	0.99~1.13	0.88~0.97	0.80~0.87	0.71~0.78	0.66~0.71
差	0.89~1.05	0.88~0.98	0.78~0.87	0.75~0.79	0.63~0.70	0.57~0.65
非常差	0.88或更低	0.87或更低	0.77或更低	0.74或更低	0.62或更低	0.56或更低

表5.2 上肢肌肉力量标准（女性）

女性	年龄					
	20岁以下	20~29岁	30~39岁	40~49岁	50~59岁	60岁及以上
非常优秀	0.88或更高	1.01或更高	0.82或更高	0.77或更高	0.72或更高	0.68或更高
优秀	0.77~0.87	0.80~1.00	0.70~0.81	0.62~0.76	0.54~0.71	0.55~0.67
好	0.65~0.76	0.70~0.79	0.60~0.69	0.54~0.61	0.48~0.54	0.47~0.53
一般	0.58~0.64	0.59~0.69	0.53~0.59	0.50~0.53	0.44~0.47	0.43~0.46
差	0.53~0.57	0.51~0.58	0.47~0.52	0.43~0.49	0.39~0.43	0.38~0.42
非常差	0.52或更低	0.50或更低	0.46或更低	0.42或更低	0.38或更低	0.37或更低

表5.3 下肢肌肉力量标准（男性）

男性	年龄				
	20~29岁	30~39岁	40~49岁	50~59岁	60岁及以上
远高于中等	2.27 或更高	2.07 或更高	1.92 或更高	1.80 或更高	1.73 或更高
中等以上	2.05~2.26	1.85~2.06	1.74~1.91	1.64~1.79	1.56~1.72
中等	1.91~2.04	1.71~1.84	1.62~1.73	1.52~1.63	1.43~1.55
中等以下	1.74~1.90	1.59~1.70	1.51~1.61	1.39~1.51	1.30~1.42
远低于中等	1.73 或更低	1.58 或更低	1.50 或更低	1.38 或更低	1.29 或更低

表5.4 下肢肌肉力量标准（女性）

女性	年龄				
	20~29岁	30~39岁	40~49岁	50~59岁	60岁及以上
远高于中等	1.82 或更高	1.61 或更高	1.48 或更高	1.37 或更高	1.32 或更高
中等以上	1.58~1.81	1.39~1.60	1.29~1.47	1.17~1.36	1.13~1.31
中等	1.44~1.57	1.27~1.38	1.18~1.28	1.05~1.16	0.99~1.12
中等以下	1.27~1.43	1.15~1.26	1.08~1.17	0.95~1.04	0.88~0.98
远低于中等	1.26 或更低	1.14 或更低	1.07 或更低	0.94 或更低	0.87 或更低

腿举重量比等于举起的重量除以体重。

需要强调的是，1RM值并不是一成不变的。比如深蹲动作，在刚开始接触训练的时候，可能举起的最大重量是45kg，但经过一段时间的训练后，会变成60kg，而训练的负荷也要跟随提升。

初学者进行力量训练都带有自身的目的，目的不同，选择的负荷强度也不同，通常以1RM的百分比来表示其选择的负荷强度。表5.5根据不同的力量训练目的，列出了合适的负荷强度、动作的重复次数、组数，以及组间隔时间，初学者可以参考该表设计适合自己的训练计划。

表5.5 力量训练负荷强度参考

训练目的	负荷强度	重复次数	组数	组间隔时间
提高肌肉力量	≥85%1RM	≤6次	2~6组	2~5分钟
提升肌肉维度（增肌）	67%~85%1RM	6~12次	3~6组	0.5~1.5分钟
提升肌肉耐力	≤67%1RM	≥12次	2~3组	≤0.5分钟
提升爆发力（单次）	80%~90%1RM	1~2次	3~5组	2~5分钟
提升爆发力（多次）	75%~85%1RM	3~5次	3~5组	2~5分钟

注：单次爆发力，指单次用力项目，如铅球、跳高、举重等。多次爆发力，指多次用力项目，如篮球、排球等。

在单次训练中，这个RM值也不是绝对的，比如卧推，第一组能推起6次，但随着自身体力的消耗，第二组可能只能推起5次，第三组也许是4次。那么，如果训练者想将负重强度控制在6~12RM，但越是到训练后期越不能推起6次以上怎么办？此时可以减小杠铃重量，始终使负重强度保持在6~12RM，保证每组训练对肌肉起到相同的刺激作用。

■ RPE

对于有经验的训练者来说，通过RPE测试自己的运动强度更为简便。RPE是主观疲劳感觉分级，它由瑞典心理学家Brog制定，又被称为Borg主观疲劳感觉分级量表。该分级量表以训练者的主观感受为依据，共分为20级，由于1~5级的运动强度很小，所以一般从第6级开始衡量。具体分级量表如图5.1所示。

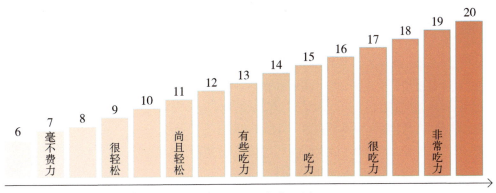

图5.1 RPE量表（部分）

根据该分级量表，训练者还可以用"分级×10"估算出自己的心率。

RPE在医学领域和运动领域都被广泛使用。在医学领域，主要用来测试病人的运动强度；在运动领域，运动员使用得更多。运动员可以根据自身的感受或吃力程度，来判断自己的运动强度。初学者不适合用RPE来测试运动强度，这是因为初学者训练经验少，自身的感受并不能与RPE等级相吻合，初学者通常对自己的强度感受要高于实际的RPE值。而运动员在长期的训练中，不同的运动强度下，身体机能的表现能够被大脑准确地感知，因此凭自身感受进行判断的结果也比较准确、客观。

卧推是否要弓背

在健身房做卧推训练的人很多，但有些人做卧推时会弓背，有些人不弓背，有些人觉得弓背是正确的，有些人认为不能弓背。到底哪种做法是正确的呢？其实弓背与不弓背都可以，这要看卧推的目的。在比赛中，为了提高成绩，很多人选择弓背；而在训练中，为了提升肌肉力量，不提倡大幅度弓背，但略微弓背是可以的。

首先我们应该明白，弓背是正常的仰卧表现。人体的脊柱在自然的中立位状态下，有4个生理弯曲，本身具有一定的弧度。因此在做卧推的时候，背部自然弓起是正常的，而且在弓背情况下，背部的背阔肌、胸部的胸大肌都能被激活，更好地收缩发力。如果仅仅平卧在卧推凳上，腿部不能很好地发力，胸部的胸大肌和肩部的三角肌就成了主要发力部位。

虽然卧推的弓背是正常的，但在比赛中和训练中，分别又各有侧重。

■ 比赛

参加卧推比赛的人，会用弓背卧推的方式。这是因为比赛结果要看推起的重量，选手的目的就是要用尽全身的力量去推举起重量。弓背动作可以提升胸部位置，让卧推的轨迹变短，意味着用同样的力，能举起更大的重量。另外，弓背可以让全身肌肉保持紧绷，将双脚踩地的力量传导上来加以利用，有助于举起更大的重量。因此，比赛中弓背时，屁股要一直靠在椅子上，脚要平放在地板上，并且遵守赛场其他规则。

■ 训练

虽然在比赛中弓背能够带来提高卧推成绩的好处，但对一般的训练者来说，就没必要弓背了。

首先，弓背卧推的难度比较高，对脊椎的压力也比较大。

如果能正确弓背，那么不会伤到腰部，因为我们的腰椎本身就是向前凸，弓背只是加大了前凸的角度，腰椎的受力方向并没有发生改变。但如果没有专业人士指导，动作稍有不慎，就会造成运动损伤。弓背要求头部、肩胛骨、臀部3个位置，都要支撑在卧推凳上，且身体能保持稳定，否则在受力不正确的情况下，腰椎容易被挤压或左右滑动，受到伤害。

其次，弓背幅度大并不符合训练者的训练目标。

很多训练者进行卧推练习，是为了锻炼胸部肌肉。肌肉在对抗阻力的过程中，只有被充分刺激，才能产生肌纤维损伤，并在后期修复过程中肌纤维体积增大，变得更强壮。而弓背卧推姿势难以长时间保持，对胸肌不能造成充分的刺激，胸肌的训练效果有限。因此，不推荐做大幅度弓背，但提倡小幅度弓背。因为小幅度弓背，不仅可以强化胸部肌肉，还可以锻炼背部肌肉。

总之，训练者可以多试几次，选择最舒服的姿势，不要过分弓背。

三大项训练频率

训练频率即每周的练习次数，科学的训练都需要合理的训练频率。三大项训练属于大重量训练，需要安排好训练频率，才能达到理想的训练效果。但对于初学者来说，在这方面往往有一些困惑，比如深蹲和硬拉，都是练下肢的，在一周内该如何安排。因为不同的人进行三大项训练目的不同，有的是为了提升力量，有的是为了健美，他们在每周的练习频率上也是有所不同的。

在这里，我们主要针对三大项的力量训练给出训练方案及训练频率建议，以供不同水平的训练者参考。

■ 初学者适合的方案及频率

一般来说，初学者每周安排2~3次力量训练比较合适。如果要顾及深蹲、硬拉、卧推三项训练，建议安排一周三练。或者隔天做这三项训练中的一项，每天做5组，每组做5次，一共做25次。如果这周能适应当前的运动量，下周可增加5磅（约2.3kg）至10磅（约4.5kg）的重量。下周负重适应之后，向下推一周，还可以增加5~10磅重量。每周可以继续增加重量。另外，深蹲和硬拉都会练到臀部和腿部肌肉，两次训练之间最好间隔72小时，因此三大项训练隔天一练的话，将卧推放在深蹲和硬拉之间比较合理。推荐训练方案如表5.6所示。

表5.6　三大项初级训练计划

时间安排	项目	组数与次数	组间隔时间
第1天	深蹲或深蹲变式	5组 ×5次	2~3分钟
第2天	休息或有氧训练		
第3天	卧推或卧推变式	5组 ×5次	2~3分钟
第4天	休息或有氧训练		
第5天	硬拉或硬拉变式	5组 ×5次	2~3分钟
第6天	休息或有氧训练		
第7天	休息或有氧训练		

这里安排有氧训练，是因为对于刚接触三大项训练的人，基础体能非常重要，因此要兼顾心肺耐力的发展。再加上三大项训练是无氧训练，肌肉练习强度高，初学者会产生疲劳感，以及大量的乳酸。两次练习之间安排有氧训练，可以加快新陈代谢，缓解肌肉疲劳感。

■ WestsideBarbell（西部杠铃）计划方案及频率

WestsideBarbell是美国的力量举组织，创始人为路易·西蒙斯（Louie Simmons）。该力量举组织致力于大重量训练，推崇不断突破力量瓶颈，发展力量，进行极限训练。WestsideBarbell的训练模式是综合运动科学与实践检验而得出，并融合俄罗斯和保加利亚一些力量举俱乐部的经验，每周都要训练至极限。WestsideBarbell有很多追捧者，也培养出了不少世界冠军。

如果用这种训练法，在训练方案和频率上，推荐一周提升一次下肢训练的最大力量，按照"小重量—大重量—小重量—大重量"的顺序进行训练，在另外一天可安排上肢辅助训练。三大项 WestsideBarbell 训练方案如表5.7所示。

表5.7　三大项WestsideBarbell训练方案

时间安排	项目	组数与次数	组间隔时间
第1天	深蹲或深蹲变式	5组×5次	2~3分钟
第2天	小重量三大项训练		
第3天	卧推或卧推变式	5组×5次	2~3分钟
第4天	小重量三大项训练		
第5天	硬拉或硬拉变式	5组×5次	2~3分钟
第6天	上肢辅助训练		
第7天	下肢最大力量训练		

■ 一周5次训练方案及频率

三大项训练水平比较高的人，可以一周训练5次，可安排2次深蹲、2次卧推、1次硬拉，每天做5组，每组做5次。三大项一周5次训练方案如表5.8所示。

表5.8　三大项一周5次训练方案

时间安排	项目	组数与次数	组间隔时间
第1天	深蹲或深蹲变式	5组×5次	2~3分钟
第2天	卧推或卧推变式	5组×5次	2~3分钟
第3天	休息		
第4天	硬拉或硬拉变式	5组×5次	2~3分钟
第5天	卧推或卧推变式	5组×5次	2~3分钟
第6天	深蹲或深蹲变式	5组×5次	2~3分钟
第7天	休息		

如何把三大项训练与日常训练相结合

三大项训练既可以发展肌肉力量，也可以增加肌肉维度，因此将三大项训练与日常训练相结合，会带来不错的训练效果。具体可以参考下面的各种训练方案。

■ 方案一

将胸部、背部、腿部、肩部、手臂的训练与身体弱项部位训练结合起来，兼顾肌肉力量与肌肉维度的发展。参照三大项重点训练部位，再结合自身较弱部位，进行合理的动作组合。比如胸部肌肉力量薄弱，可多安排卧推练习；腿部力量薄弱，可多安排深蹲练习等。如下面的安排。

第1训练日：深蹲+身体弱项部位训练。

第2训练日：卧推+身体弱项部位训练。

第3训练日：硬拉+身体弱项部位训练。

第4训练日：三大项中的弱项训练。

■ 方案二

一周5训方案。这种训练方案综合了三大项训练与身体其他部位肌肉的训练动作。

第1训练日：深蹲日，深蹲+背部肌肉与肱二头肌练习动作。

第2训练日：卧推日，卧推+肩部肌肉与肱三头肌练习动作。

第3训练日：硬拉日，硬拉+小重量深蹲。

第4训练日：卧推日，卧推+三角肌与背部肌肉练习动作。

第5训练日：腿部训练。

■ 方案三

按照身体部位进行训练安排。如卧推日，可锻炼胸部肌肉；深蹲日，可锻炼腿部肌肉；硬拉日可锻炼下肢肌肉，注意要兼顾选择锻炼腘绳肌的练习。

第1训练日：深蹲日，专注于练习腿部。

第2训练日：卧推日，专注于练习胸部。

第3训练日：硬拉日，硬拉+腘绳肌训练动作。

第4训练日：深蹲日，专注于练习腿部。

第5训练日：卧推日，专注于练习胸部。

三大项训练与健美有什么区别

三大项训练又称为力量举训练，是进行力量举训练的重要手段，也是进行健美训练的重要手段。同时，无论是力量举训练还是健美训练，都会增加肌肉维度，那么这两种训练，到底有什么区别呢？

■ 两者训练目的不同

健美训练以获取健美的形体为主，希望通过训练，得到协调的视觉比例、分离度清晰的肌肉，追求足够大的肌肉维度与低脂肪率，在外形上以宽肩、细腰、清晰的肌肉线条为美。

力量举训练以获取力量为主，通过三大项训练，取得力量上的进步，对外形要求不高，硕大的肌肉是力量训练的附赠品。

■ 两者训练方式不同

力量举与健美训练都采用渐进性超负荷训练，但力量举训练注重动作的完成度。在单个动作中，比如卧推，要求用时短、短时间内推起、短时间内下放，更多地利用爆发力完成动作。而健美训练将训练重点放在肌肉的感知度上，整个动作持续时间比力量举训练要长。仍以卧推为例，杠铃下放的过程是肌肉充分感知刺激的过程，健美训练需要训练者有控制地慢慢下放杠铃。

另外，力量举训练以大重量、低重复次数训练为主，通常重复次数在5次以下；健美训练则以小重量、中高重复次数训练为主，重复次数大多控制在8~12次。

■ 两者肌肉功能不同

力量举训练与健美训练都可以使训练者增加肌肉维度，尤其是健美运动员，肌肉维度很大。但这两种方式训练出来的肌肉，在功能上是有区别的。在前面"功能性肌肉肥大"的基本知识中我们讲过，力量举训练练出的肌肉肥大是功能性肥大，健美训练练出的肌肉肥大是非功能性肥大。

力量举训练的大重量、低重复次数的训练方式，对肌肉造成强刺激，以肌纤维的增粗为目的，肌肉收缩时神经能募集到更多的运动单位，产生很大的力量。而健美训练采用的是以小重量、多重复次数的训练方式，以糖酵解为供能方式，主要促使肌浆增生，肌纤维的增长较小，因此肌肉功能并没有较大增强，不能产生很大的力量。

不过需要提出的是，我们大部分进行健身的人，既想获取肌肉力量，又想收获线条优美的肌肉，因此可以将力量举和健美训练结合起来进行训练。

通过表5.9，我们会更清晰地了解健美与力量举训练的区别。

表5.9 健美与力量举训练的区别

类别	训练目的	训练原则	负重	动作重复次数	肌肉功能	动作速度
力量举训练	不断增大力量	渐进性超负荷训练	大	5次以下	功能性肥大,力量大	快
健美训练	肌肉发达,肌肉线条清晰,肌肉平衡、身材匀称	渐进性超负荷训练	小	8~12次	非功能性肥大,不能产生很大力量	慢

三大项训练在减脂、增肌时都可以做吗?

答案是肯定的。

三大项训练的减脂作用是很明显的。三大项训练是高耗能燃脂训练,是典型的无氧训练。无氧训练强度大,肌肉会消耗大量糖原来维持能量。因此,无氧训练可防止过多的糖原转变为脂肪,起到减脂作用。同时由于运动时会造成体内氧亏,在运动后我们吸入的氧气,可以继续燃脂、消耗能量,起到持续减脂的作用。因此,三大项训练有很好的减脂作用。

另外,我们在前面也将三大项训练的增肌作用讲述得很清楚了,肌肉在对抗大重量过程中,肌纤维在结构上产生微损,在修复过程中,为了对抗更强大的压力,肌纤维会被修复得更强壮,起到增肌作用。

作者简介

胡恒超

健身教练、资深培训师；国内第一批 AASFP 私人认证教练、IPTFA 私人认证教练、网球 ITF 认证教练、中国高尔夫球协会 CGA 认证教练；从事健身培训 20 余年，在从业期间，有上万节私教课的授课经历，在增肌减脂、客户训练引导、个性化运动方案制定、运动损伤预防与康复领域具有丰富的实践经验。